KB014283

리더 시프트

리더 시프트

THE LEADER SHIFT

김무환 지음

허클베리북스

나 역시 준비되지 않은 리더로 '리더 포비아'를 겪었던 터라 왜 이 책이 더 일찍 나오지 않았을까 원망스럽다. 시중에 널린 리더십 책이 아니라 26년 현장 경험으로 추출한 '4가지 리더 시프트' 비책을 이번에 새롭게 승진하는 팀장들에게 꼭 선물해야겠다.

- 교원 웰스사업본부 사장 신동훈

리더로서 올바른 역할과 성장에 대한 고민을 해결하는 데 많은 도움을 준 영원한 나의 코치 김무환 님. 책 속에 담긴 이 분의 리더십 육성 경험과 성찰을 통해 이 시대를 걸어가는 리더 여러분도 나와 같은 경험을 가져 보기를 기대한다.

- 현대자동차 부사장 양희원

아포리아(풀리지 않는 문제)를 만났을 때, 어떤 방식으로 그 난관을 빠져 나와야 할지 고심하게 된다. 김무환의 책 『리더 시프트』는 아무런 매뉴얼을 전달받지 못한 채 끊임없이 이어지는 위험한 항해를 이어가던 리더들에게 명징한 나침반이 될 것이다.

- 삼성전자 전무 임준서

늘 내 맘 같지 않은 팀원들을 이끌고 성과를 내야 하는 부담을 짊어진 리더들에게 따뜻한 격려와 함께 실질적인 도움의 손길을 내미는 책이다. 이 책에 나오는 리더들의 좌충우돌 사례들이 내 모습 같아서 깊이 공감이 되었고, 바로 시도해 볼 수 있는 꿀팁들이 가득해서 활용도가 높은 책이다. 초보 리더뿐만 아니라 더 괜찮은 리더가 되고 싶은 모든 분에게 권하고 싶다.

- 두산인프라코어 상무 문경숙

이 책은 현장 코칭 경험을 바탕으로 지금 리더가 된 사람들에게 훌륭한 리더가 되기 위한 공감할 수 있는 대안을 제공하고, 리더가 되고 싶은 이들에게 진짜 리더가 가져야 할 생각의 전환에 대해 명료하고 간결하게 제시한다. 소통을 잘하는 리더가 되기를 원한다면 필수적으로 읽어야 할 책이다.

- SK 바이오텍 팀장 최혜옥

리더로 살아가기 더욱 어려워진 시대다. 김무환 코치의 다양한 현장 경험과 해박한 노하우는, 한 치 앞을 내다보기 어려운 뷰카(VUCA) 시대에 리더가 어떻게 성장하고 변화해야 할지 살아 있는 사례들을 통해 짚어 준다. 오랜 기간 닮고 싶은 상사, 멘토로서 리더십의 지름길을 몸소 보여 주었던 그의 리더십 경험은 수많은 리더들의 삶에 행복의 트리거가 될 것이다.

- 한국수력원자력 리더십교육부장 이경훈

누구도 리더 되는 법을
가르쳐 주지 않았다

"진작 이런 내용을 듣는 기회가 있었다면 얼마나 좋았을까요. 막상 리더가 되니 뭐부터 해야 할지 몰라서 마치 총 없이 전쟁터에 나가는 느낌이었거든요."

기업이나 단체에서 리더십 코칭과 강의를 하다 보면 이런 말을 자주 듣게 됩니다. 특히 신임 팀장을 대상으로 하는 강의에서는 꼭 이런 말이 나옵니다. 그들은 누구보다 열심히 일을 해왔고, 회사에서 인정받아 리더로 승진했습니다. 하지만 갑자기 주어진 리더라는 역할 앞에서 당혹감을 감추지 못합니다. 심지어 불안해하기까지 합니다.

이렇게 갑자기, 그리고 준비 없이 리더가 된 사람들이 느끼는 두려움을 나타내는 '리더 포비아leader phobia'라는 신조어가 있습니다. 우리말로 하면 '리더 공포증' 또는 '리더 기피 증후군'이라고나 할까요. 또, 이 말은 리더의 책임과 역할을 맡기가 부담스러워서 리더가 되기를 꺼리는 현상 자체를 가리키기도 합니다.

이제 막 리더의 역할을 맡은 사람뿐 아니라, 아직 리더가 되지 않은 사람도 이 현상을 겪습니다. 리더의 책임을 맡게 될까 봐 두려워하거나 아예 그 책임을 피하는 것이지요.

최근 한국 사회에도 이 '리더 포비아' 현상이 많이 나타나고 있습니다. 대학이나 아파트, 학교, 노동조합 등 많은 현장에서 리더 자리를 피하는 상황이 벌어지고 있습니다. 몇 년 전에 한 언론이 서울 인천 등 수도권 소재 주요 대학 34개를 조사한 결과 약 26.5%에 해당하는 9개 대학에서 총학생회장을 뽑지 못했다고 합니다(《매일경제신문》 2017. 11.17). 많은 전문가들은 이 같은 리더 포비아 현상의 원인으로서 사회가 요구하는 지도자상이 권위자적 리더십에서 조정자적 리더십으로 바뀌면서 리더의 책임만 과도하게 강조되고 보상은 적다는 점을 지적하고 있습니다.

리더가 필요한 많은 현장 가운데, 이 리더 포비아 현상으로 어려움을 겪는 대표적인 곳 중 하나가 기업 현장입니다. 일반 사원이었을 적에는 자기 맡은 일을 잘 해내던 사람이 리더가 되는 일을 두려워하거나, 심한 경우 기피하는 사례가 늘고 있습니다. 피하고 피하다 어쩔 수 없이 리더를 맡았더라도 리더가 될 준비가 전혀 안 된 터라 리더 포비아를 떨치지 못한 채 갑자기 찾아온 리더 역할에 적응하지 못합니다.

이렇게 리더가 된 신임 리더들은 저를 만나면 묻곤 합니다. "갑자기 리더가 되어 버렸어요. 저는 이제 어떻게 해야 할까요?" 이 책은 그동안 숱하게 들어온 이 질문에 대한 제 나름의 해답을 정리한 책입니다.

저는 26년 동안 직장 생활을 했습니다. 삼성 그룹과 두산 그룹 그리고 미국 회사의 한국 자회사인 스토리지텍 코리아까지 기업의 풍토와 색깔이 전혀 다른 세 곳의 직장을 경험했습니다. 그중 4년여 동안은 남아프리카공화국에서 주재원 생활을 하기도 했습니다.

그렇게 오랜 시간 일하며 수많은 리더를 겪었습니다. 제가 속한 팀의 리더가 바뀌거나 제가 다른 부서로 이동하는 등 다양한 이유로 연례행사처럼 1년에 한 번씩은 다른 리더를 맞이했습니다. 그들 가운데는 정말 좋은 리더도 있었고, 살면서 두 번 다시 만나고 싶지 않은 리더도 있었습니다

그리고 오랜 직장 생활 속에서 저 역시 다양한 위치의 리더가 되었습니다. 처음 팀장이 되었을 때도, 임원이 되었을 때도, 리더가 된 저에게 그 누구도 어떻게 하라고 말해 주지 않았습니다. 그저 알아서 잘 해보라는 무언의 메시지만 줄 뿐이었습니다. 저는 그동안 나름대로 쌓아온 개인기와 선배들에게 귀동냥으로 얻은 지식에 의지해서 리더 역할을 수행해 나갈 수밖에 없었습니다. 그야말로 앞길이 깜깜했고, 참 답답했습니다. 갈피를 못 잡고 헤매던 시절이었습니다.

그런 시절을 보낸 다음 저에게 좋은 리더와 나쁜 리더, 이상적인

리더십 등을 생각하고 관찰하고 평가할 기회가 주어졌습니다. 한 그룹의 HR 총괄 임원으로서 임원 승진에 관한 평가 업무를 맡게 된 것입니다.

그 일을 하면서 저는 리더십이란 무엇인지, 구성원은 리더에게 어떤 역할을 기대하는지, 어떤 리더가 성과를 내고 구성원에게 동기를 부여하고 존경까지 받는지를 깊이 생각하는 기회를 가지게 되었습니다. 그리고 그 시간 동안 두 가지 사실을 새삼스레 깨달았습니다.

우선, 구성원이 조직을 성공으로 이끌 수 있는 좋은 리더를 간절하게 원한다는 사실을 알게 되었습니다. 그들은 리더가 자신에게 미치는 영향이 너무나 크다는 점을 너무나 잘 알고 있습니다. 그들은 좋은 리더와 함께 행복하고 즐겁게 일하고 싶은 동시에 리더에게서 리더십을 배울 수 있기를 원합니다.

다음으로, 저는 성공하는 리더와 실패하는 리더의 차이점을 발견할 수 있었습니다. 성공하는 리더는 끊임없는 학습을 통해 리더십을 스스로 확장하려고 노력합니다. 간접경험을 늘리기 위해 책을 읽고, 멘토를 찾아 배우고, 성공과 실패 경험을 자산으로 만들고, 주변 사람에게 받은 피드백을 성장의 자원으로 사용합니다. 반면, 실패하는 리더는 리더십을 확장하려는 노력을 거의 하지 않습니다. 새로운 역할에 맞는 새로운 경험을 하려 하지 않고 기존 역할에서 벗어나지 못합니다.

오랜 시간 수많은 리더의 성공과 실패 사례를 가까이서 접하고

리더 시프트

나서 얻은 저의 결론은 '리더의 성패는 리더십의 유무에 달려 있고, 리더십은 훈련을 통해 충분히 기를 수 있다'는 것이었습니다.

그렇습니다. 리더는 리더십 훈련을 통해 성장할 수 있습니다. 물론 처음 연습 단계에서는 리더십이 확장된다는 느낌을 받기 어려우실 수도 있습니다. 그러나 천천히 그리고 성장한다는 확신을 가지고 꾸준히 훈련하다 보면 이전과는 확실히 달라진 자신을 발견할 수 있습니다.

그런데 문제는 이 리더십 훈련을 어떻게 시작해야 하는지 누구도 제대로 가르쳐 주지 않는다는 점입니다. 여전히 새로 리더가 되는 사람에게 특별한 안내나 도움 없이 구성원에게 리더 역할을 부여하는 기업이 많습니다. 제가 코칭과 강의를 하는 현장에서 만난 많은 신임 리더들, 그리고 이 책을 준비하는 과정에서 만난 리더들 대부분이 그 어떤 지침도 받지 못한 채 갑자기 발령을 받아 버렸다고 호소했습니다.

신임 리더는 학교에서도 직장에서도 좋은 리더가 되는 법을 배우지 못했기 때문에 선임 리더가 했던 행동을 따라 하거나 선배들에게 어깨너머로 배운 것에 의지해서 난생처음 맡아 보는 리더 역할을 해 나갈 수밖에 없습니다. 처음 리더가 되었을 때의 저처럼 말입니다.

이렇게 되면 리더의 성패가 이른바 복불복이 되어 버리고 맙니다. 좋은 리더와 함께 생활한 운 좋은 사람만이 훌륭한 리더가 될 가능성이 커집니다.

그런데 좋은 리더가 될 수 있는 가능성을 이처럼 복불복에 맡겨야 할까요? 아닙니다. 앞서 말했듯, 리더십은 분명 훈련을 통해 충분히 기를 수 있는 능력입니다. 어떤 사람이라도 내면에 리더의 자질, 리더의 능력을 가지고 있습니다. 그 능력이 드러나지 않은 이유는 아직 스스로 그 능력을 발견하지 못했거나, 리더십을 갈고 닦을 기회가 주어지지 않았기 때문입니다. '리더가 될 용기'만 있으면 당신도 할 수 있습니다. 이 책을 펼쳐 든 당신은 이미 '리더'가 될 용기를 가진 사람입니다.

저는 지금까지 여러 기업의 CEO, 임원, 팀장을 대상으로 리더십 강의와 코칭을 하면서 다양한 사람을 만나왔습니다. 이 리더들과 함께 무엇을 어떻게 할지, 무엇을 하지 말아야 할지, 또 무엇을 전략적으로 바꿀지 고민하고 실행했습니다. 그리고 이 과정에서 많은 리더들이 성장하는 모습을 지켜보았습니다. 그들과 함께 익힌 지혜, 함께 공부한 과정을 이 책에 고스란히 담았습니다.

이 책은 생애 처음으로 리더가 된 사람뿐 아니라 현재 리더인 사람, 앞으로 리더가 될 사람, 그리고 지금보다 더 좋은 리더가 되고자 하는 사람들을 위해 만들어졌습니다. 저는 이 책에서 제시하는 '리더 시프트', 즉 '리더가 되기 위한 4가지 시프트'가 당신이 리더 포비아를 물리치고, 내부에 잠재되어 있던 리더의 자질을 일깨우는 치트키 역할을 할 것이라고 믿습니다. 이 책이 당신이 진정한 리더의 길로 신속하고 안정되게 이행하는 데 조금이라도 도움이 된다면 정말 기쁘겠습니다.

목차

'리더 포비아'를 겪는 당신에게

'어쩌다 리더'를 '진짜 리더'로 만들어 주는 리더 시프트

어느 날 갑자기 리더가 되어 버렸다

조직 생활을 하는 사람에게 승진만큼 행복하고 뿌듯한 일이 또 있을까? 승진은 그동안 내가 열심히 일하며 만들어 낸 성과에 대한 보상이다. 회사에서 나의 능력을 인정한다는 메시지로 승진이라는 메달을 걸어 준 것이다. 그리고 바로 이 메달에 따라 다양한 자리의 리더가 된다. 적게는 몇몇 사람들 혹은 한 부서, 크게는 사업 부문까지 많은 구성원들을 이끄는 앞자리에 위치하게 된다.

문제는 이 뿌듯하고 엄청난 일이 대개 어느 날 아무 예고도 준비도 없이 일어난다는 데 있다. 회사는 내가 언제 리더가 될 테니 준비하라고 미리 알려 주지 않는다. 언제나 인사는 극비리에 진행되고 어느 날 갑자기 '짠' 하고 발령이 난다.

회사는 새 리더에게 큰 기대를 건다. 그동안의 업무 성과를 바탕으로 리더 역할도 으레 잘 해내리라 생각한다. 그런데 정작 삽사기 리더가 된 나는 이제부터 뭘 해야 할지, 구성원 시절과 어떻게 다르게 행동해야 할지 막막하기만 하다.

그동안 리더답지 못한 리더들과 함께 일하면서 속으로 한 '나는 리더가 되면 구성원에게 존경받고 조직이 원하는 성과를 확실하게 내는 사람이 될 거야'라는 다짐이 무색하게 마음이 쪼그라든다.

필자가 리더십 코칭과 강의를 하면서 만난 많은 리더들은 저마다 크고 작은 문제를 겪고 있었다. 그들 중에는 지도자가 떠안는 책임과 희생이 부담스러워 지도자가 되는 일을 기피하는 리더 포비아Leader Phobia를 겪고 있는 리더도 있었다. 그들이 털어놓는 고민을 종합해 보면 다음과 같이 정리할 수 있다.

첫째, 내가 하는 일과 하려는 일이 올바른 방향인지 확인받고 싶다. 팀원들은 리더에게 지금 자신이 하고 있는 일을 확인받고, 앞으로 해야 할 일이 무엇인지 확인한다. 그런데 리더는 도대체 누가 이런 걸 확인해 주나.

둘째, 구성원들이 자발적이고 주도적으로 움직이도록 리더십을 발휘하고 싶은데 어떻게 해야 할지 모르겠다. 구성원이 수동적으로 움직이기만 해서는 리더도 피곤하고 조직도 발전이 없다는 건 알겠다. 그런데 어떻게 해야 구성원이 주도적으로 움직일 수 있게 만들 수 있는 건가.

셋째, 어떻게 하면 구성원들을 같은 방향으로 이끌 수 있는지 알고 싶다. 각각의 구성원마다 개성이 있고, 저마다 원하는 게 다른데 이를 하나로 모아서 끌고 가기가 너무 어렵다.

넷째, 구성원들과 거리감 없이 편하게 이야기 나누고 싶은데, 구성원들이 나에게 다가오지도 않고 말을 걸어도 아주 짧게만 대답한다.

이런 고민은 대부분 본인이 팀의 구성원이었을 때는 전혀 하지 않았던 고민이다. 출근하는 직장은 그대로인데 팀의 구성원이었을 때와 리더일 때가 이렇게 다를 수가 있을까. 같은 나무라도 나무 아래에서 세상을 볼 때와 나무 위에서 세상을 볼 때의 풍경이 이렇게 다를 줄 몰랐을 것이다.

혹시 내가 문제적 리더?

이처럼 구성원이었을 때는 하지 않던 고민이 쌓여 가면서 리더는 당황하기 시작한다. 처음 맡아 보는 리더 역할을 멋지게 해내고 싶어서 구성원 시절보다 더 열심히 일을 한다. 그럼에도 구성원일 때는 핵심 인재로 분류되던 사람이 리더가 된 이후에는 일 못하는 사람으로 평가받는 일이 생긴다.

도대체 어디서부터 잘못된 걸까? 이런 상황에 놓인 리더는 대개 스스로는 인식하지 못하는 몇 가지 문제점을 가지고 있다. 가장 대표적인 문제는 리더의 역할을 제대로 파악하지 못하는 데서 비롯된다. 리더가 된 뒤에도 리더가 무엇을 하는 사람인지 정확히 인식하지 못하는 것이다.

당신이 구성원 시절과 달리 리더가 된 이후로 좋은 평가를 받지 못하고 있다면 먼저 자신이 다음 페이지에 표로 제시되는 문제적 리더의 6가지 유형에 속하지 않는지 따져 보아야 한다. 그리고 만약 이 6가지 유형 중 하나라도 포함이 된다고 느꼈다면 지금 당장 당신의 생각과 행동의 틀을 바꾸어야 한다. 의지만 있다면 바꿀 수 있다. 당신은 좋은 리더가 될 수 있다. 이 책은 당신이 좋은 리더가 될 수 있도록 이끌어줄 것이다.

〈문제적 리더의 6가지 유형〉

[유형 1] 구성원 시절에 하던 일을 계속하는 리더

구성원의 업무 방식이 마음에 들지 않아서, 혹은 자신이 일을 처리하는 게 더 빠르고 덜 답답할 것 같다는 이유로 구성원에게 업무를 위임하지 못한다. 구성원의 업무를 지휘해야 함에도 구성원의 업무에 세세하게 간섭하고 심지어 리더가 직접 그것을 처리하기도 한다.

[유형 2] 바빠도 너무 바쁜 리더

종일 회의에 끌려다녀 직원들 얼굴 보기도 힘들고, 겨우 회의 끝내고 오면 퇴근 무렵에 업무를 줄 수밖에 없고, 그러다 보니 직원들은 야근할 수밖에 없다. 이 악순환이 계속되면 과로로 리더 본인은 쓰러지고, 구성원은 탈진하거나 이직할 확률이 높아진다. 눈앞의 과제에만 집중하므로 큰 그림을 보기 어렵고 과거와 현재의 과제에 매몰된다. 장기적 관점에서 조직과 업무의 체계화에 투자할 여유도 없고 인재도 육성하지 않는다. 당면 과제 해결에만 급급한데 언제 사람에게 시간을 투자해 그들의 성장을 도울 수 있겠는가?

[유형 3] 자신이 리더인 줄 모르는 리더

의외로 많은 사람이 리더의 기본적 역할조차 제대로 인식하지 못한다. 리더의 사전적 정의는 '조직이나 단체에서 전체를 이끌어가는 위치에 있는 사람'이다. 여기에서 우리는 '이끌어가는'이라는 말에 주목해야 한다. 리더의 역할은 혼자 고군분투하는 게 아니라 조직을 이끄는 것이며, 그의 뒤에는 따르는 사람이 있어야 한다. 리더는 사람을 통해 성과를 내야 한다. 구성원에게 동기를 부여하여 조직이 함께 성과를 내게 '이끌어야' 한다.

[유형 4] 능력을 과시하기 위해 권위적으로 행동하는 리더

구성원들과 협력 체계를 구축하고 팀 전체로 성과를 만들어 내야 하는 리더의 본분을 잊고 자신이 가장 돋보이기 위해 구성원들을 배려하지 않고 독단적이고 권위적으로 행동한다. 리더가 본인이 이끌어야 할 구성원과 경쟁하는 구도가 형성되기도 한다.

[유형 5] 큰 배의 노를 혼자서 젓는 리더

리더가 조직을 가동할 때 가장 먼저 해야 하는 일은 구성원에게 팀의 목표를 인식시키는 것이다. 그런데 이러한 목표를 공유하지 않았음에도 구성원이 으레 알고 있으리라는 착각에 빠져 있는 리더가 많다. 리더는 구성원이 자신과 같은 방향성을 공유하고 있는지 끊임없이 확인해야 한다. 또한 리더와 구성원이 노를 함께 같은 속도로 젓고 있는지 파악해야 한다. 마음이 급한 리더는 노를 열심히 젓고 있는데 구성원은 노를 젓기는커녕 딴짓을 하고 있다면 그 배는 제 방향으로 그리고 빠른 속도로 나아갈 수 없다.

[유형 6] 리더이기를 거부하는 리더

구성원으로서 탁월한 성과를 내고 나서 리더가 된 사람들 가운데 현재 스타일에서 벗어나기를 거부하는 사람들이 있다. 그들은 혼자 일하는 게 편한데 왜 사람 관리를 해야 하는지 받아들이지 못한다. 조직은 구성원이 경험이 쌓이면 그에게 점차 많은 역할을 기대한다. 그 자리에서 정체하지 않고 성장하기를 기대한다. 그가 점점 더 시야를 넓히고 리더의 마인드를 갖추지 않으면 조직은 그에게 지금 이상의 역할을 맡기지 않는다.

평사원으로 돌아가고 싶은가?

대기업에서 신임 팀장을 대상으로 강의를 한 적이 있다. 한참 강의를 하고 있는데 한 팀장이 물어왔다. "코치님, 제가 이끄는 조직에 팀장에서 팀원으로 강등된 사람이 있습니다. 제가 팀원일 때 팀장으로 모시던 분입니다. 당연히 저보다 나이도 많고 입사 기수로도 선배이지요. 이럴 때는 어떻게 리더십을 발휘해야 합니까?"

이런 일이 흔하지는 않다. 그렇지만 점점 더 많은 기업이 팀장을 팀원으로 강등시키고 있다. 왜 팀장이 팀원으로 강등되는 극단적인 일이 벌어질까. 그럴 수밖에 없는 이유는 무엇일까. 이유는 다양하지만, 대개 다음 네 가지 이유로 정리할 수 있다.

첫째, 조직이 원하는 팀장 역할을 제대로 수행하지 못 하고 조직이 기대했던 성과를 내지 못한다.

둘째, 팀원들이 업무를 잘할 수 있는 환경을 만들지 못하고 좁은 시각으로 본인이 하는 일에만 몰두한다. 리더 역할을 해야 하는데 여전히 구성원 역할에 머물러 있다.

셋째, 팀장에 대한 팀원들의 불만이 많다. 리더십 스타일, 소통 스타일, 의사 결정 문제, 업무 위임 문제, 책임 미루기 등 다양한 문제에서 팀원의 불만이 쏟아진다.

넷째, 사람 관리를 못한다. 리더는 사람으로 성과를 내야 하는 존재임을 망각하고 구성원에게 동기를 부여하지 못한 채 본인 혼자 성과를 내려 한다.

회사는 어떤 리더가 한두 가지 결점이 아니라 종합적으로 많은 결함을 보일 때, 기회를 주었는데도 개선되지 않아 문제가 반복될 때 강등이라는 결정을 내린다. 팀장이 되었는데도 리더로서의 자세가 갖추어져 있지 않고 팀원처럼 행동할 때 조직을 위해 어려운 결단을 내리는 것이다.

리더 역할을 하다가 구성원으로 강등되는 일은 당사자에게 커다란 충격으로 다가온다. 회사 생활을 정상적으로 하기 어려울 정도로 충격을 받을 수도 있다. 그런데 이런 심리적 동요만큼이나 큰 문제는 그가 다시 리더의 위치로 복귀하기가 어렵다는 점이다. 리더의 위치로 돌아오기 어렵다는 말은 그 조직에 남아 있을 수 있는 시간이 줄어든다는 말과 같다.

스스로 성장하라

슬기롭게 리더 역할을 수행해 나가기 위해서는 리더와 구성원이 조직인으로서 성장하는 방법에 차이가 있다는 사실을 알아야 한다. 일반 구성원은 다른 사람의 피드백을 받아 수동적으로 발전하는 단계에 있지만 리더는 스스로 성찰하고 학습하고 발전하지 않으면 안 된다.

필자가 만난 리더 가운데 스스로 성찰하고 학습하며 발전한 두 가지 사례를 들려 주겠다.

먼저, 얼굴을 보는 순간 속으로 '큰일 났다'는 생각을 하게 만든 한 팀장이 있었다. 얼굴이 지나치게 근엄하고 무거워 보였기 때문이다. 코칭을 진행하면서 자연스럽게 그의 인상에 관한 이야기를 꺼냈다. 그러자 그 역시 그동안 주변에서 자신의 인상에 관해 들은 말을 하나둘씩 꺼내 놓았다. 필자와의 대화가 계속되자 자신의 표정을 바꿀 필요성을 깨달았다. 그는 스스로 '웃는 얼굴 하기'를 과제로 설정했다.

다음 시간에 만난 그의 얼굴은 눈에 띄게 밝아져 있었다. 이야기를 들어 보니 부인과 딸이 적극적으로 돕고 있다고 말했다. 가족이 매일 자신의 얼굴 사진을 찍어 표정을 비교하는 시간을 함께 가진다는 것이다. "조금만 웃는 얼굴을 해도 칭찬받다 보니 자신감을 가지게 되었다"고 말했다. 사무실에서도 의식적으로 웃는 얼굴을 했더니 구성원들로부터 보기 좋다는 반응이 돌아왔다. 코칭이 끝날 무렵에는 표정이 온화하게 바뀌었기 때문인지 구성원들과 관계가 훨씬 부드러워졌다. 전과는 달리 구성원들과 편안한 분위기에서 이야기하는 것이 가능해졌다. 표정이 달라지니 말과 행동에도 변화가 오고, 그렇게 되니 구성원들과의 소통도 자연스럽게 늘어나고 교감도 많아지게 되었다.

스스로 학습하여 성장한 리더 중에서 또 다른 사례를 소개하자. 한 리더는 월화수목금금금을 일만 했다. 남달리 성취욕이 강했던 그는 업무와 개인 생활을 분리하지 못했다. 그에게 지금까지 어떻게 일해왔는지 물었다. "구성원과 일할 때 일체 타협이 없었고, 모든 일을 제가 생각한 대로 밀어붙였습니다. 한번 마음먹으면 뒤돌아보는 법이 없었고 함께 일하는 사람들을 감정적으로 전혀 배려하지 않았습니다. 저 역시 자신을 돌보지 못했고 탈진 증세로 시달렸습니다."

다행히 그는 변화를 택했다. 계속 이렇게는 살 수는 없다고 스스로 판단했다. 그는 삶에 변화를 준 과정을 이렇게 설명했다. "개인적인 삶도 즐길 수 있도록 일과 삶의 균형을 잡으려고 노력했습니다. 그러니까 다른 사람에 대해서도 눈이 떠지더라고요. 그렇게 계속 노력하다 보니 주변 사람과의 관계도 개선되었고 저도 덜 외로워졌습니다."

성장하는 리더들은 이렇게 스스로 학습하고 성찰하며 발전한다. 리더십을 기르는 가장 쉬운 방법 가운데 하나는 주변에서 이렇게 성장한 리더들을 찾아서 그들의 가장 바람직한 부분을 보고 그대로 따라 해 보는 것이다. 한 사람에게서 모든 것을 찾으려고 할 필요는 없다. 리더십을 발휘한 각각의 리더가 어떤 학습을 통해 어떤 변화를 겪었는지, 그 변화가 구성원에게 어떤 긍정적인 영향을 미쳤는지, 성과에는 어떻게 연결되었는지를 관찰하면서 배우고 따라 하면 된다.

당신을 '진정한 리더'로 만들어 줄 리더 시프트

필자는 성장하는 리더들의 성장 포인트를 오랫동안 관찰해오면서 그들의 성장에는 4가지 생각과 행동의 전환이 필수적이었다는 사실을 확인했다. 필자는 이것을 리더 시프트(진정한 리더가 되기 위한 네 가지 시프트, 4 Shifts for Leaders)라 부른다. 이것은 구성원에서 리더로 이행하기 위한 기본 바탕을 갖추는 과정이며, 현재 리더인 사람이 자신의 리더십을 확장하고자 할 때 가장 먼저 실행해야 할 인식 체계와 행동 양식의 전환 과정이기도 하다.

이 책에는 독자들이 이 4가지 리더 시프트를 수행하기 위한 구체적인 실천 방법으로서 모두 85개의 실무 지침과 47개의 실전 기법을 제시했다. 책 말미에 부록으로 〈리더 시프트를 위한 85개의 실무 지침과 47개의 실전 기법〉을 수록했다.

그럼 지금부터 4가지 리더 시프트를 바탕으로 당신을 둘러싼 현실을 변화시킬 이야기를 시작하고자 한다. 변화를 경험하고 싶은가? 그렇다면 '열린 마음'과 함께 지금 당장 완전히 바꿔 버리겠다는 돈오돈수頓悟頓修의 자세가 필요하다. 준비가 되었다면 '용기'를 가지고 페이지를 넘겨 보자.

리더 시프트

〈리더 시프트〉

[SHIFT 1] 마음가짐의 시프트 (Mind Shift)

'구성원으로서의 나'가 아니라 '리더로서의 나'로 나라는 존재를 완전히 재정의해야 한다.

[SHIFT 2] 소통 방식의 시프트 (Communication Style Shift)

가장 위험한 조직은 조용한 조직임을 깨닫고, 조직의 잘못된 소통 방식과 나의 소통 방식을 개선해야 한다.

[SHIFT 3] 의사 결정 방식의 시프트 (Decision-Making Style Shift)

리더는 '결정하는 사람'이라는 자기규정을 바탕으로 결정이 필요한 순간에는 책임을 지고 과감하게 사안을 결정해야 한다.

[SHIFT 4] 사람 관리 방식의 시프트 (People Management Style Shift)

리더는 늘 구성원에게 관심을 가지고 그들이 가진 장점과 조직의 일을 연결해 주어야 한다.

SHIFT 1

마음가짐의 시프트

지금 당장 바꿔야 할 생각의 틀

리더가 반드시 기억해야 할 원칙이 있다. 스스로 공로를 세우려 하거나 '금메달'을 따려고 하지 말라는 것이다. 사실 구체적으로 보이는 공로는 작은 것에 지나지 않는다. 리더는 작은 공로에 연연하지 말고 '금메달리스트'를 기르고 '단체 금메달'을 따는 등 큰 공로를 세우는 데 주력해야 한다.

후웨이홍·왕따하이 『노자처럼 이끌고 공자처럼 행하라』

1

체격이 바뀌었으면
옷을 바꾸어야 한다

.

식구가 많이 늘었다면 큰 집으로 이사 가야 한다. 그런데 지금 집이 익숙하다는 이유로 작은 집에 계속 살겠다고 고집하는 사람이 있다. 이처럼 리더가 되고 나서도 자신이 구성원이었을 때 하던 익숙한 일과 잘하던 일에 계속 매달리는 사람들이 있다. 이런 사람은 리더라는 새로운 자리에 걸맞은 역할에 맞게 스스로를 다시 규정해야 한다. 면장이 군수가 되었으면 군수 일을 해야 한다. 군수가 되었는데도 면장 일을 계속하면 조직에 균열이 생기기 시작한다.

새로운 역할을 해낼 자신이 없으면 차라리 처음부터 그 역할을 맡지 말아야 한다. 리더가 제 역할을 못 하면 구성원 시절과는 달리 자기를 망치는 데서 끝나는 것이 아니라 조직까지 멍들게 한다.

리더가 되었다면 '구성원으로서의 나'로부터 과감하게 벗어나서

'리더로서의 나'로 탈바꿈하는 과정을 반드시 거쳐야 한다. 우선 '구성원으로서의 나'와 '리더로서의 나'가 완전히 다른 사람임을 자각할 것. 그리고 리더의 역할에 맞게 생각의 틀을 바꿀 것. 생각의 틀을 바꾸는 일이란 '상황을 인식하는 관점과 문제를 해결하는 방법에서 내적 변화를 이루는 일'을 말한다. 이것이 바로 진정한 리더가 되기 위한 첫 번째 시프트인 마음가짐의 시프트다.

자, 그럼 이제부터 구성원의 마음가짐에서 리더의 마음가짐으로 전환하기 위한 구체적인 지침을 제시하겠다.

새로운 역할에 맞게 스스로를 승진시켜라

"아직 팀장이 안 되었어. 팀원 같은 팀장이야." 한 신입 리더가 최근에 직원들에게서 이런 말을 들었다고 털어놓았다. 이 리더에게 본인이 어떻게 일을 하고 있기에 이런 이야기가 나온 것 같냐고 물었다. "제 의도는 구성원이 생각의 폭을 확장하도록 가르치는 것이었습니다. 그래서 서류를 과하게 검토하고 마음에 들지 않을 때는 심한 질책과 함께 여러 번 수정을 요구했습니다."

이 리더가 부임한 이후 구성원들은 수동적으로 일하기 시작했다. 무슨 일이든 무조건 팀장의 요구에 맞추었고, 시간이 흐를수록 점점 더 팀장이 시키는 대로만 일하게 되었다. "팀장님이 언제까지 이렇게 세밀하게 지적하고 직접 수정할지 모르겠어요. 팀장이 되기 전과 업무 방식이 달라진 게 없어요. 팀장님이 과도하게 개입하면서 우리는 시키는 대로 움직이는 로봇이 되어 버렸다니까요."

최근에는 파트장들도 의견을 말하기 시작했다. "재량권을 주면 좋겠어요. 팀장님이 너무 깊숙하게 개입하니까 파트장들이 할 일이 없어요. 무시당하고 있다는 생각이 들어서 기분도 나쁘고요."

이는 리더가 새로운 역할에 맞게 스스로를 승진시키지 못해 발생하는 가장 대표적인 상황이라 할 수 있다. 리더는 자신을 리더라는 역할에 맞게 승진시켜야만 한다. 그리고 자신이 주어진 역할에 맞는 일을 하고 있는지 점검한 다음 피드백을 구해야 한다.

리더는 구성원의 업무를 살피되 직접 관장하려고 해서는 안 된다. 오히려 자신의 상사가 보여 주는 좋은 리더십에서 배우고, 구성원 스스로 업무를 진취적으로 해 나갈 수 있도록 만들어야 한다.

리더가 된 뒤에도 여전히 예전의 작은 링 안에서만 움직이고 있지는 않은지? 지금 당신이 서 있는 링이 어느 정도의 크기인지 생각해 보자. 당신이 뛰는 링의 크기는 전과 달라졌다. 처음엔 타인에 의해 시작된 승진이었다. 그러나 이제는 스스로를 승진시킬 때다.

구성원이 기대하는 리더의 역할을 인식하라

구성원은 리더에게 거창한 것을 바라지 않는다. 다음 표에 나타난 바와 같이 그들이 리더에게 바라는 점은 매우 단순하다.

〈구성원이 리더에게 바라는 대표적인 사항〉

[희망사항 1] 구성원이 성과를 낼 수 있도록 배려해 달라

구성원이 성과를 낼 수 있는 환경을 만들어 주고, 성과를 냈을 때 인정받게 해 달라는 것은 구성원이 리더에게 바라는 가장 핵심적인 요구 사항이다. 조직에서 구성원은 성과를 통해 평가받고 그 평가로 자신의 가치를 높일 수 있기 때문이다.

[희망사항 2] 가끔은 악역을 할 수 있는 용기와 소신을 보여 달라

구성원은 리더가 용기 있게 자신의 소신을 보여 주기를 원한다. 리더는 자신의 생각이 있어야 하고, 필요할 때는 그 생각을 표현해야 한다. 리더가 줏대 없이 남의 의견, 특히 상사의 불합리한 의견을 받아들일 때 구성원이 피해를 본다. 리더는 소신을 강력하게 피력할 수 있어야 하고 기꺼이 악역을 자처할 수 있어야 한다.

[희망사항 3] 리더의 상사, 타 부서 리더로부터 구성원을 보호해 달라

리더가 되면 가장 크게 달라지는 것 가운데 하나가 자신에게 소속되는 구성원이 생긴다는 점이다. 그렇다면 구성원을 보호하는 일은 리더의 마땅한 임무다. 리더 자신의 인간관계를 위해, 갈등 상황 회피를 위해 구성원을 외면해서는 안 된다. 구성원들은 조직 내에서 자신의 역량을 제대로 발휘할 수 있도록 리더가 보호해 주기를 원한다.

[희망사항 4] 무작정 일을 받아오지 말라

일을 받아올 때는 조직의 상황을 고려하고 받아와야 한다. 리더가 본인의 욕심 때문에 조직의 현재 상황과 구성원의 업무량을 고려하지 않고 무턱대고 일을 받아오면 그 피해는 구성원이 고스란히 떠안는다. 구성원이 지나친 업무량 때문에 허우적대는 건 조직에 더 큰 문제가 발생할 수 있다는 전조다.

[희망사항 5] 구성원에게 영향을 미치는 정보를 신속히 공유해 달라

어떤 일이 발생했을 때 혹은 어떤 부분이 변경되었을 때 리더 혼자만이 알고 있는 경우가 많다. 현장에서 업무 실행은 언제나 구성원이 한다는 사실을 잊지 말자. 정보의 공유가 늦어질수록 구성원의 노력과 시간 낭비가 늘어난다. 이런 문제가 자주 생기면 리더와 구성원 사이에 신뢰가 무너지고 결국에는 회복할 수 없을 정도로 관계가 어긋날 수 있다.

[희망사항 6] 리더를 흉보는 구성원에게 관대한 태도를 보여 달라

상사 뒷담화는 부하 직원의 권리이자 최고의 스트레스 해소법이다. 오죽하면 '상사 뒷담화를 하면 안주 없이 소주 각 1병 한다'라는 말도 있겠는가. 만약 구성원이 자신에 대해 이러쿵저러쿵 말하는 내용이 들리면 구성원이 주는 피드백이라고 생각하자. 명심해야 할 점은 이 반대는 성립하지 않는다는 사실이다. 부하 직원을 흉보고 다니는 리더는 리더 자격이 없는 사람이다.

많은 리더들이 앞에서 제시한 구성원이 리더에게 바라는 단순한 사항들을 제대로 인식하지 못하고 있다. 어떤 리더는 상사의 눈치를 보느라 자신의 구성원을 보호하지 않고, 또 어떤 리더는 조직의 상황을 고려하지 않고 지나치게 일을 벌려서 팀원을 힘들게 한다. 여기서 한 발 더 나아가 감정적으로 팀원을 괴롭히는 리더도 있다.

필자가 처음 입사한 회사에서 대리로 근무하던 시절의 일이다. 그때 리더였던 부장님을 생각하면 지금도 위가 욱신거린다. 여기저기에서 자신의 팀원들에 대해 불평을 하고 다니고, 그것도 모자라 고과평가 점수도 아주 짜게 주었다. 부하 직원이 아주 가끔 반대 의견을 말했다고 해서 사방에다 흉을 보고, 심지어는 HR 부서에 가서도 뒷말을 퍼뜨리고 다녔다.

당연하게도 필자는 그 부장님을 전혀 존경할 수 없었다. 업무적으로도 동기가 부여되지 않은 것은 물론이고 그가 다른 부서로 떠날 때까지 식물인간처럼 수동적으로 지냈다. 25년이 지난 지금까지도 다시는 같이 일하고 싶지 않은 사람으로 그를 기억한다. 심지어 이 책에서도 나쁜 리더십의 사례로 언급하고 있지 않은가.

반면에 필자가 만난 리더 가운데는 지금까지도 많은 사람들에게 존경받고 본보기가 되는 리더도 있다. 이 리더는 유연한 조직 문화를 만들기 위해 노력했고, 그 결과 많은 구성원에게 감사하다는 말을 듣고 있는 사람이다.

그는 구성원을 자리로 부르지 않고 자신이 직접 구성원의 자리로 가는 것을 원칙으로 한다. 예컨대, 무거운 자료나 샘플을 들고

와서 보고하지 말고 자신을 부르라고 말한다. 그것이 훨씬 더 효율적인 방법이라고 말이다. 그는 구성원이 하는 일의 가치를 알아준다. 주목받지 못하는 작은 일도 인정과 칭찬을 통해 구성원의 기를 살려 준다.

이 리더의 철학은 분명하다. "본인이 없으면 조직이 무너질 것이라고 생각하는 리더가 제법 있는데 그런 생각은 착각에 불과하다. 자신의 역할에 최선을 다하고 모자라는 부분은 후배가 할 수 있다고 믿어야 한다. 성공은 내가 만드는 것이 아니고 함께 일하는 사람들이 만드는 것이다."

첫 번째 사례와 두 번째 사례는 뚜렷하게 비교된다. 둘 중 어떤 리더가 구성원이 기대하는 리더의 역할을 하고 있는가? 답은 그들의 현재 생활에 나와 있다. 첫 번째 사례의 리더는 부장 직책으로 직장 생활을 끝냈다, 그나마 그것도 20년 전이니까 가능했던 일이다. 두 번째 사례의 리더는 대한민국 최고 기업들 가운데 한 곳에서 부사장으로 근무하면서 여전히 멋진 리더로 살아가고 있다.

높은 곳에서 바라보라

『맹자』의 「공손추公孫丑」에는 농단壟斷이라는 말이 나온다. 옛날 한 상인이 시장 상황을 잘 알 수 있는 '높은 언덕(농단)'에 장사 터를 잡았다. 그곳에서 그는 시장에 어떤 물건이 많이 나오고 적게 나왔는지 조사했다. 그리고 시장에 부족한 물건을 미리 사들였다가 비싸게 팔아 폭리를 취했다. 그는 언제나 농단을 독차지하고 물건을 팔아 큰 이득을 독점했다. 그때부터 이익이나 권리를 독차지한다는 뜻으로 농단이라는 단어가 쓰였다.

오늘날 '농단'은 대개 '국정 농단', '사법 농단' 등 나쁜 의미로 쓰인다. 그런데 리더십 영역에 있어서만큼은 이 말을 좋은 의미로 사용하고 싶다. 농단은 글자 그대로 해석하면 '높은 언덕'이다. 리더는 기꺼이 이 농단으로 올라가야 한다. 높은 곳에 오르면 상황을 좀 더 폭넓게 입체적으로 볼 수 있기 때문이다. 상황을 입체적으로 볼 수 있다면 그에 맞는 적합한 해결책을 제시할 수 있는 확률이 높아진다. 리더는 평면적인 시각에서 단기적인 대응만 할 것이 아니라 좀 더 입체적인 시각으로 앞날을 두루 헤아리며 구성원을 리드해야 한다. 책상에만 머물러 있지 말고, 눈앞의 과제에만 매몰되지 말고 드론을 탄 것처럼 높은 곳에서 크게 보는 연습을 하자. 그것이 리더가 해야 할 일이다.

입체적인 시각을 가지고 조직의 문제를 해결하는 방법에 관한 힌트를 얻을 수 있을 만한 리더의 사례 하나를 소개한다. 어느 회사에서 제품을 생산하고 난 다음에 남은 재료를 어떻게 재활용할지에 대한 논의가 벌어졌다. 남은 재료를 재활용할 수 있다면 생산비용이 줄기 때문에 그것이 회사의 이익 창출에 중요하다는 사실은 누구나 다 알고 있었다. 그러나 그 방법을 찾아내기가 쉽지 않았고, 실무자들 역시 각종 이유를 들어 남은 재료의 재활용이 불가능하다고 주장했다.

　이 회사에 입체적인 시각을 가진 리더가 새로 들어왔다. 그는 문제 해결을 가로막는 장애물을 뛰어넘어 좀 더 높은 곳에서 입체적인 시각으로 다른 사람은 생각조차 하지 않는 아이디어를 검토하기 시작했다.

　우선 그 문제가 이론적으로 해결 가능한 문제인지 그 여부를 탐색했다. 이론적으로 가능하다는 결론이 나자 엉뚱하고 상식을 벗어나는 질문을 끊임없이 던졌다. 구성원의 생각의 틀을 넓혀 주기 위해서였다. 구성원이 방법이 없다고 말할 때도 포기하지 않고 아이디어를 제시하고 해결책을 모색했다. 이 과정에서 이 리더가 얼마나 끈질기게 해결책을 찾고 황당하게 보이는 아이디어를 제시했는지 구성원들은 그에게 '미친 사람'이라고까지 말했다. 그러나 결국 그 리더는 질문을 바탕으로 두 달 동안 끈질기게 노력한 끝에 남은 제품의 재활용 방법을 찾아내는 데 성공했고, 매달 10억 원의 비용을 절감할 수 있게 만들었다.

　리더가 눈을 크게 뜨고 찾고자 하면 방법은 어디에나 있다. 중요한 것은 눈앞의 장애물을 그저 관망하느냐 아니면 장애물을 뛰어넘는 시각으로 해결책을 도모하느냐에 달려 있다. 리더는 구성원이 가지고 있지 않은 입체적인 시각을 통해 구성원을 독려하고, 그들이 틀에 갇혀 있다면 질문을 통해 그곳에서 탈출하도록 도와야 한다.

익숙함에서 벗어나라

언젠가 '왜 한국 골프 선수들은 장타가 부족할까?'라는 칼럼을 보았다. 이 칼럼에 따르면, 세계 골프 선수 중에서 남녀 모두 장타자 상위 10명을 꼽으면 한국 선수가 드문데, 그 이유가 한국 선수들은 OB가 무서워 정확하게 치는 쪽으로만 훈련했기 때문이라고 한다.

이것을 리더십과 연결하여 생각해 보자. 우리 리더들은 지금까지의 관행에서 벗어난 개성 있는 구성원, 튀는 직원을 얼마나 용인할 수 있을까? 여전히 조직에서 '모난 돌이 정 맞는다'는 속담이 먹혀들고 있지는 않은가? '중간만 가면 문제가 없다'는 고리타분한 생각이 우리 조직에 만연해 있지 않은가?

이제는 다양한 구성원을 수용하고 그들이 괴짜 짓을 할 수 있는 문화를 허용하는, 아니 권장하는 선구적인 리더가 등장할 때다. 실패를 두려워하지 않고 그 실패에서조차 배울 수 있는 조직 문화를 만드는 것이 유연하지만 강한 조직을 만드는 지름길이다. 그러기 위해서는 리더가 먼저 모험을 감수하고 새로운 세상의 문을 열어야 한다. 리더십의 확장은 '용기'가 필요한 일이다.

구성원의 성장을 성과 달성을 위한 도구가 아니라 리더가 이루어 내야 할 목적으로 보는 마음가짐이 중요하다. 수평적인 리더십을 발휘해 다양한 구성원과 함께 양식을 그리고 빈칸을 채워 나가야 한다. 이전의 수많은 리더와는 다른 리더가 되어 보자. 선구적인 리더가 선구적인 조직을 만들고 그에 합당한 성과를 낼 수 있다.

2

환경을 만들어 주면
변화가 일어난다

　어느 날 사진 필름 시장의 절대 강자였던 미국의 필름 회사 코닥이 망할 위기에 처했다는 기사를 보았다. 기사의 요지는 미국 필름 시장의 90%를 석권하며 한때 90달러가 넘던 코닥의 주가가 추락하며 47센트를 기록해 상장 폐지 위기에 처했다는 것이었다.

　당시는 휴대폰 카메라 등 사진 매체가 날로 발전하면서 필름의 수요가 사그라드는 추세였다. 이런 상황에서 코닥과 동종 업계 회사인 후지필름은 카메라, 프린터, 제약, 화장품 등으로 사업 다각화를 시도하며 생존을 위해 노력한 결과 시장에서 살아남을 수 있었다. 그런데 어째서 코닥은 아무런 변화도 이루어 내지 못하고 위기를 맞게 된 것일까?

사실 코닥은 어느 회사보다도 사진 산업의 미래를 예견하고 잘 대비해온 기업이다. 코닥은 1975년 세계 최초로 디지털카메라를 개발했고, 디지털 이미지 처리 핵심 특허를 다수 보유하고 있었으며, 2003년에는 더 이상 필름에 투자하지 않겠다고 선언하면서 디지털화에 주력했다. 그런데도 코닥은 필름 시대와 함께 사그라드는 상황에 놓인 것이었다.

서기만 엘지경제연구원 연구위원은 "코닥은 파괴적 혁신에 따른 기술의 실패라기보다 사업에 실패한 것"이라며 "코닥은 특허 등 디카 기술을 많이 갖고 있지만 이를 사업화하는 데 실패했다"고 말했다. 파괴적 기술이 닥칠 것을 모른 게 아니라 "뻔히 알면서 당한 것"이라는 말이다. 서 연구위원은 "안정된 수익 구조를 지닌 기업에서 신사업 부문의 책임자는 권한이 없고 직급이 낮은 사람이 맡기 때문에 기존의 주력 산업을 엎어 버릴 권한이 없다"며 "사업을 망치는 것은 기술이 아니라, 조직과 리더십의 문제라는 걸 보여 준다"고 말했다.

_ "코닥의 비극", ≪한겨레≫, 2012.1.8

위 기사에서 우리가 가장 유심히 보아야 할 부분은 "사업을 망치는 것은 기술이 아니라, 조직과 리더십의 문제라는 걸 보여 준다"라는 문장이다. 코닥이 망한 이유는 기술이 부족하거나 없어서가 아니다. 변화를 적극적으로 받아들이지 못한 리더십 때문이다.

세상은 빠른 속도로 변하고 있고, 함께 일하는 사람들도 변하고 있는데도 변화를 거부하는 리더가 의외로 많다. 본인의 경험과 선배들에게 배웠던 방법에 한계가 있다는 사실을 인정하지 않고, 과거의 경험에만 의지하고 그것만 고집하는 리더도 종종 보인다. 이들은 스스로 자신의 눈을 가리고 변화를 거부한다. 그 결과, 스스로 자신을 왕따로 만들며 조직의 발전을 막는다.

스페인 폼페우파브라 대학교 심리학과 조르디 쿠아드박Jordi Quoidbach 교수는 '역사의 종말 환상'이라는 개념을 제시했다. '역사의 종말 환상'이란 나는 더 이상 변하지 않는다고 믿는 사람들, 즉 다음과 같이 말하는 사람들이 가진 경향을 말한다. '나는 지금까지 충분히 변했다. 앞으로 더 변할 부분이 없을 것이다. 나는 변할 것이 없는 완성품이다.' 조르디 교수에 의하면 이런 생각은 사실 환상이거나 착각일 뿐이다.

내부분의 사람들은 미래의 변화를 과소평가하고 자신이 변할 것이라는 전망을 완강하게 부인한다. 자신은 앞으로 변하지 않을 것이고, 지금 자신이 품은 생각은 영원하리라고. 왜 그럴까? 사람들은 대개 '지금의 생각을 갖기까지 충분히 많은 고민을 해왔고 그렇기 때문에 지금 갖고 있는 생각이 완성품이다'라고 생각하는 경향이 있기 때문이다. 그런데 정말 그럴까? 사람들은 정말 변화하지 않을까?

미국의 심리학자 댄 길버트Dan Gilbert는 변화와 관련한 의미 있는 실험을 했다. 사람들에게 "당신의 가치관, 성격이 변할 것이라고 보나요?"라고 물었다. 사람들 대부분은 변하지 않을 거라고 답했다. 이번에는 수천 명에게 10살 단위로 나이를 구분해서 질문했다.

40대에게 "앞으로 10년 동안 본인의 가치관, 성격이 얼마나 변할 거라고 생각하나요?" 하고 물었더니 이렇게 대답했다. "안 변해요. 많이 변해 봐야 10% 정도. 지금 이미 40대인데 뭘 더 변해요?"

그리고 50대에게 다른 질문을 했다. "지난 10년 동안 가치관이나 성격이 얼마나 변했나요?" "오! 생각보다 많이 바뀌었어요, 약 40% 정도. 세월이 무섭네요. 그렇게 급하던 성격도 많이 차분해졌어요." 이렇게 답을 한 50대에게 다시 질문했다. "앞으로 10년 동안 얼마나 변할까요?" 역시나 대답은 보수적이다. "에이, 앞으로 안 변하죠. 이미 50살이 넘었는데요. 많이 변하면 5% 정도!"

이번엔 60대에게 똑같은 질문을 했다. 그들은 "의외로 50대가 다이나믹하네요. 많이 변했어요. 30% 정도 되겠네요"라고 대답했다.

이 실험의 결과는 사람들이 얼마나 자신들의 미래의 변화에 대해 과소평가하는지를 보여 준다. 이 실험에서 알 수 있듯 우리의 미래는 지금 우리가 생각하는 것보다 훨씬 더 많이 달라져 있을 것이다. 이 커다란 미래의 변화 가능성을 도외시한 채 미래의 변화를 과소평가한다면 자신과 조직에 부정적인 영향을 끼칠 수 있다. 미래는 변하지 않을 것이라는 생각과 환상은 사회와 조직을 진보시키는 데 걸림돌로 작용한다.

미래의 변화 가능성은 생각보다 크다. 리더가 되었다면 미래는 언제든지 변화할 수 있다는 생각을 가져야 한다. 그리고 이 미래의 변화 가능성을 바탕으로 주도적·긍정적·희망적인 생각과 자세를 유지해야 한다. 때로 리더는 공상가가 될 필요가 있다. 여기서 말하는 공상가란 지금은 터무니없이 보이는 일일지라도 미래에 대한 가능성을 항상 열어두고 닥쳐오는 빠른 변화를 기꺼이 감당하고자 하는 사람이다.

좋은 기업과 훌륭한 리더는 늘 환경에 적응하려고 노력한다. 그 노력은 갑작스럽고 큰 변화가 필요 없도록 해 준다. 변화를 일상화하는 노력을 꾸준히 한다면 나중에 닥쳐오는 변화의 수준을 제어할 수 있다. 평소에 늘 변화를 받아들이는 훈련이 되어 있지 않으면 갑자기 커다란 변화가 닥쳐올 때 적응할 수 없고, 그 경우 구성원에게 미치는 영향도 매우 가혹할 수 있기 때문이다. 리더가 스스로 변화하기를 거부하면 외부로부터 변화를 강요받게 된다. 스스로 변화하는 데 실패한 기업은 구조조정 등 외부로부터의 변화를 겪기 쉽다. 우리는 그것을 이미 앞에서 든 코닥 등 변화에 실패한 기업들의 사례에서 찾아볼 수 있었다.

다시 말하자. 변화를 겁내지 않는 리더가 이끄는 조직은 급진적인 변화를 겪지 않는다. 이것이 바로 '변화의 리더십'의 요체다.

그렇다면 변화는 어디서부터 시작하는 것이 좋을까. 너무 거창하고 폭이 큰 변화를 생각할 필요는 없다. 조직을 생기 있게 만드는 작은 변화가 일어날 수 있는 환경부터 조성하자. 자, 그렇다면 지금부터 변화가 일어나는 조직 환경을 만들기 위한 지침을 제시하고자 한다.

작은 발전이 이어지도록 도와라

홀륭한 리더는 구성원에게 달성 가능한 목표점을 보여 준다. 그래야 조직의 목표를 공유할 수 있다. 그리고 리더는 구성원들이 작은 발전을 이루었을 때 칭찬하고, 더 앞으로 나아갈 수 있도록 독려한다. 구성원은 이 과정에서 자신감을 얻게 되고 스스로의 역량을 키울 수 있다.

그러나 목표가 너무 거대하거나 한꺼번에 많은 목표가 주어지면 구성원이 목표 달성을 쉽게 포기할 수 있다. 작은 목표부터 하나씩 달성하게 도와주자. 어떻게? 여기서 알코올 중독자 치료 모임에서 사용하는 방법을 소개해 보겠다.

평생 술을 한 방울도 마시지 말라는 과제를 해낼 수 있는 알코올 중독자는 거의 없다. 그래서 이들에게는 '한 번에 하루씩' 극복할 수 있는 과제가 부여된다. 먼저 24시간 동안 술을 참아 볼 것을 권하는 식이다. 이 과제는 제법 많은 중독자가 성공해낸다.

조직에서도 이 방법을 응용할 수 있다. 우선, 조금만 노력해도 달성할 수 있는, 너무 크지 않은 목표를 제시하라. 작은 목표는 작은 성공으로 이어지고, 작은 성공은 긍정적인 연쇄 행동을 촉발할 것이다. 작은 목표를 이루는 것은 그리 어렵지 않다. 당신의 구성원들은 단계별로 성공할 때마다 변화를 느낄 것이다. 그들이 이런 작은 성공을 이루었을 때 당신이 할 일은 무엇인가? 인정하고 칭찬하라. 작은 성공이 계속 쌓이면 큰 변화가 이루어진다.

긍정적인 자세로 변화를 이끌어라

리더는 긍정적인 자세로 구성원을 이끌어야 한다. 그래야 구성원에게 동기를 부여하고 희망을 줄 수 있다.

리더가 현재 상황을 늘 비관적으로 바라보고 부정적인 견해만 내면 조직 전체의 에너지 수준이 내려간다. 이런 리더가 변화를 성공적으로 이끌 가능성은 거의 없다고 보아야 한다.

"해도 안 돼", "우리 조직은 이게 문제야", "도대체 이런 목표를 주고 어떻게 달성하라는 거야?", "우리 조직은 곧 망할 거야". 맨 앞에서 일을 주도적으로 이끌어가야 하는 리더가 이렇게 말하면서 초를 치면 구성원은 어떤 기분이 들까?

구성원이 리더에게 원하는 것은 방향 제시와 동기부여다. 리더가 사기를 진작하고 독려하기는커녕 불만만 늘어놓고 조직의 분위기를 흐리면 조직의 에너지가 줄어든다. 비관적이거나 부정적인 자세는 리더에게도 구성원에게도 도움이 되지 않는다.

"우리는 할 수 있어. 작년에도 이런 어려운 상황에서 성과를 만들어냈잖아", "내가 무엇을 도와주면 될까? 무엇을 더 보완하면 조금이라도 전진할 수 있을까?" 이렇게 말하는 리더와 함께하는 구성원은 힘을 받고 앞으로 나아갈 수 있는 용기를 얻는다. 또 이런 리더는 구성원에게 어려운 변화의 과정을 함께 돌파할 수 있다는 믿음을 갖게 해 준다.

노스캐롤라이나 대학교 바버라 프레드릭슨Barbara Fredrickson

교수에 따르면 부정적인 감정은 우리의 생각을 '협소화'한다. 당신이 지금 잔뜩 긴장한 상태로 깜깜한 산길을 가고 있다고 상상해 보라. 주변 상황을 돌아볼 여유가 있겠는가? 나무에 어떤 열매가 달렸는지 볼 수 있겠는가? 아마 아무것도 보지 못하고 오로지 목표 지점만 향해 앞으로 달려갈 것이다.

여기서 조직 내에서 일어날 만한 현실적인 상황을 하나 떠올려 보자. 당신은 내일 매우 어려운 과제를 사장님에게 보고할 예정이다. 아마도 그 일에 온 생각이 사로잡혀 내일 해야 할 다른 일이나 계획은 떠올리기 쉽지 않을 것이다. 오로지 어떻게 하면 사장님께 잘 보고할지만 생각하게 될 것이다. 이처럼 두려움과 걱정, 분노와 혐오감 같은 감정은 우리의 집중력을 협소화한다.

바버라 프레드릭슨은 긍정적인 감정이 생각과 행동의 레퍼토리를 '확장'한다고 말한다. 예를 들어, 흥미라는 긍정적인 감정은 새로운 아이디어에 열린 자세를 갖게 한다. 그렇다면 리더가 해야 할 일이 무엇인지는 확실해진다. 상황이 어려울수록, 만들어 내야 하는 변화가 커 보일수록 리더 스스로가 먼저 긍정적인 감정으로 상황을 정의하고, 변화를 추진하는 모습을 보여야 한다. 또 구성원도 자신과 마찬가지로 긍정적인 감정을 가질 수 있도록 독려해야 한다.

그런데 여기서 반드시 주의해야 할 점이 하나 있다. 바로 긍정적 착각에 빠지지 않을 일이다. 긍정적 관점과 긍정적 착각은 완전히 다른 것이다. 대책 없는 긍정성 또는 과도한 긍정성은 변화를 추진하는 데 오히려 걸림돌이 된다.

칩 히스Chip Heath와 댄 히스Dan Heath가 쓴 『스위치Swich』에 따르면, 사람들은 사실에 대해 낙관적으로 해석하는 경향이 있다. 심리학에서는 이를 '긍정적 착각'이라고 부른다. 우리의 두뇌는 끊임없이 긍정적 착각을 만들어 낸다. 그래야 스스로가 편하게 생활할 수 있기 때문이다.

필자는 기업에서 인사 업무를 총괄하던 시절이 있었는데 그때 긍정적 착각의 사례를 많이 접할 수 있었다. 기업에서는 정기적으로 구성원들을 평가한다. 평가의 첫 번째 절차가 자기평가다. 그 자기평가의 결과를 살펴보고 사람들이 얼마나 자신에 대해 객관적으로 평가하기 어려운지 알 수 있었다. 자기평가에서 어떤 사람은 자기 자신에게 5점 만점에 4.7을 주기도 했는데, 놀라운 점은 그 사람에 대한 상사의 평가는 3.5도 안 되었다는 사실이다.

심리학자 브라운Brown과 더턴Dutton의 연구 결과에서도 필자의 경험과 비슷한 결과가 나타난다. 그들의 연구에 따르면, 관리자의 90%가 자신의 능력이 다른 관리자보다 뛰어나다고 평가하고 있으며, 대학교수의 94%가 자신이 다른 교수보다 뛰어난 업적을 올리고 있다고 스스로를 평가한다.

이 긍정적 착각은 변화와 관련해서 중대한 문제를 일으킬 수 있다. 사람들이 변화하고 새로운 방향으로 나아가려면 우선 그들 자신의 위치를 정확하게 인식해야 하는데, 이 첫 번째 단계부터 변화의 걸림돌이 되기 때문이다. 따라서 리더는 스스로 끊임없이 이 긍정적 착각에서 벗어나기 위해 노력할 필요가 있다. 변화를 이끄는 리더의 역할은 사실 쉽지 않다. 스스로의 위치를 객관적으로 인식하면서 동시에 구성원에게 긍정적인 자세를 보여야 하기 때문이다.

심리적 안전감을 제공하라

엉뚱하게 느껴질 수도 있는 질문을 해 보겠다. 만약 누군가가 우리에게 눈을 가리고 바로 앞에 있는 벼랑으로 뛰어내리라고 한다면? 우리는 과연 망설임 없이 뛰어내릴 수 있을까. 보통 사람이라면 뛰어내리기는커녕 한 발짝도 앞으로 내딛지 못한 채 공포감에 사로잡힐 것이다. 하지만 그때 누군가가 벼랑의 깊이가 단지 30센티미터 정도밖에 되지 않는다고 말해 준다면 우리는 과감하게 뛰어내릴 수도 있다. 이것이 바로 '심리적 안전감Psychological Safety'의 실체다.

하버드 대학교 에이미 에드먼슨Amy Edmondson 교수는 이 심리적 안전감이 변화와 위험 감수를 가능하게 한다는 점을 많은 연구를 통해 입증했다. 사람들이 도전적인 과제를 수행할 때 성과에 대한 적절한 압력과 더불어 충분한 심리적 안전감이 함께 제공될 때 변화가 일어날 수 있다는 것을 시사한다.

만약 리더가 구성원에게 성과를 내라고 압력만 가할 뿐 심리적인 안전감을 제공하지 않으면 구성원은 불안감을 느끼고 걱정하게 되므로 적절한 변화가 일어나지 않을 것이다. 반면에 리더가 심리적 안전감은 제공하지만, 성과에 대한 압력을 적절하게 부여하지 않는다면 구성원이 안일해져서 변화가 일어나기 어렵다.

리더는 심리적 안전감을 불러올 수 있는 환경을 조성해야 하는데, 그렇다면 그러한 환경이란 어떤 것일까? 조직의 분위기가 편안하기만 하다거나, 서로의 말에 무조건 동의하거나 서로에게 친절하기만 한 환경을 말하는 것은 아니다. 구성원 각자가 스스로 의견을 솔직하고 자유롭게 말할 수 있는 환경, 나아가 더 좋은 결정과 더 나은 제품을 만들기 위해서라면 마찰도 감수할 수 있는 환경이야말로 진정한 심리적 안전감을 불러올 수 있는 환경이라고 할 수 있다.

리더는 도전적 과제 앞에서 구성원들이 머뭇거리고 있을 때 '눈앞에는 겨우 30센티미터밖에 되지 않는 벼랑이 있을 뿐이다'라고 말해 줄 수 있어야 한다. 당신은 구성원에게 변화에 대한 압력만 불어넣고 있지는 않은가? 구성원에게 변화를 요구할 때 압력만 불어넣어서는 안 된다. 심리적 안전감을 한 세트로 제공해야 한다.

자발적 참여를 이끌어라

리더 가운데는 치열한 인생을 살아온 사람이 많다. 사실 뭐든 열심히 했으니까 리더가 된 것이 사실이다. 그러므로 리더들 중에서는 어떤 일을 하든 자신이 주인공이 되려고 하는 사람이 꽤 있다.

이해는 간다. 그러나 리더가 되는 순간 고쳐야 한다. 리더의 리더십은 구성원 전체의 성과를 통해 입증되고, 리더는 혼자 내는 성과로 평가받는 사람이 아니기 때문이다. '주인공형 리더'가 이끄는 조직은 밖에서 보기에는 일견 강력한 리더십이 발휘되는 조직처럼 보일 수도 있지만, 많은 경우 좋은 성과를 내지 못한다. 주인공형 리더는 구성원의 자발적 참여를 통한 조직의 변화를 이끌어내기가 어렵기 때문이다.

이런 사람은 리더의 자기규정self defining을 새로 하는 것이 좋다. 리더는 주인공이 아니다. 리더는 팀 전체가 주인공이 되도록 이끄는 사람이다. 리더가 되었다면 이를 우선적으로 자각해야 한다.

자기규정을 다시 했다면 그다음은 무엇을 할 것인가. 가장 먼저 할 일이 말을 줄이는 일. 구체적으로 말하자면 회의에서 리더가 말하는 시간을 전체의 10% 미만으로 줄이는 일이다. 그게 어렵다면 우선 말을 반으로 줄일 것! 그리고 계속 노력해서 발언 횟수와 발언 시간을 줄여 나가자. 리더가 말을 아끼고 공간을 만들어 주면 구성원이 그 공간을 채운다. 리더가 말을 줄이면 구성원의 의견이 많아진다. 리더가 구성원의 말에 귀 기울일수록 조직의 에너지가 더 높아지고, 더 동기부여가 되고, 더 큰 성과가 만들어진다.

또 있다. 질문하자. 당신이 변화가 일어나는 환경을 만들고자 하는 리더라면 당신의 구성원들에게 "어떻게 생각해요?"라는 질문을 자주 하기를 권한다. 혼자서 답을 찾으려 하지 마라. 현대는 정보가 너무 많고 상황도 너무 빠르게 변한다. 리더 혼자 고민하지 말고, 혼자 답을 찾으려고 고군분투하지 말자. 모르는 것은 구성원들에게 물어보자. 당신 옆에는 훌륭한 구성원들이 있다. 리더가 모르고 있는 답을 구성원이 이미 알고 있을 때도 있다. 물어보면 구성원이 당신을 무시하게 되리라 생각하지 말기를. 오히려 많이 물어볼수록 더 존경할 것이다. 함께 의논해서 일하라고 모일 회會 모일 사社의 '회사'를 만들었다. 리더여. 당신의 구성원들에게 주인공이 될 기회를 제공하라.

꼭 지켜야 할 가치를 잊지 마라

리더가 변화를 제대로 추진하기 위해서는 변화해야 하는 이유가 무엇인지 끊임없이 생각해야 한다. 그리고 자신이 추구하고자 하는 변화가 조직이 추구하는 가치에 맞는 것인지 늘 고민해야 한다.

여기서 조직의 가치를 지키는 것이 얼마나 중요한지에 관한 사례를 하나 들어 보겠다. 1982년 미국 시카고에서 같은 진통제를 먹은 사람들이 연이어 사망하는 사건이 발생했다. 이 진통제는 바로 오늘날 우리도 흔히 복용하는 '타이레놀'이다. 당시 경찰은 누군가가 유통되는 타이레놀 병에 독극물을 주입했을 가능성을 제시했다. 곧 이 사건은 미국 전역을 떠들썩하게 만들었고 타이레놀의 시장점유율은 35%에서 8%로 곤두박질쳤다.

당연히 타이레놀 제조 판매 기업인 존슨 앤 존슨은 혼돈에 빠졌다. 그렇지만 이내 경영진은 타이레놀의 생산을 중단하고 광고 송출을 중지했다. 또한 전국의 모든 타이레놀을 회수할 것을 결정했으며 모든 언론을 동원해 타이레놀이나 타이레놀에 포함된 그 어떤 것도 섭취하지 말아 달라고 소비자에게 당부했다. 이후 캡슐 제품만 오염된 사실이 밝혀졌을 때는 캡슐 형태의 타이레놀을 모두 교환해 주었다.

한순간에 망할 위기까지 내몰렸던 이 기업이 보여 준 빠르고 과감한 조치는 대중과 언론이 이 기업을 다시 보게 만드는 계기가 되었다. 그리고 존슨 앤 존슨이 떨어진 시장 점유율을 다시 회복하는 데는 1년도 채 걸리지 않았다.

이런 과감한 조치에 직원들의 반발은 없었을까? 당연히 회사의 마케팅 책임자들이 반발했다. 회사가 그렇게나 과도한 손해를 떠안을 필요가 없다고 주장했고, 후속 조치가 과하다는 의견을 냈다.

직원들의 격렬한 반발 속에서 존슨 앤 존슨의 CEO는 전 세계에 있는 자사 마케팅 책임자들을 소집해 질문을 던진다. "우리 회사의 신조credo(고객의 안전이 최우선이다)를 바꿀 것인가? 아니면 당신들의 행동을 회사 신조에 맞게 바꿀 것인가?" 이 리더는 회사의 신조를 철칙으로 삼아 회사가 잠깐은 억울하고 손해를 보더라도 시장과 고객의 마음을 읽고 그들의 바람대로 변화를 수용한 것이다.

이후 존슨 앤 존슨은 세 겹으로 단단히 포장된 새로운 형태의 캡슐 약을 개발했다. 이 제품은 몇 년 뒤 미국에서 가장 인기 있는 진통제로 떠올랐다.

리더 시프트

변화를 습관으로 만들어라

리더는 변화해야만 하는 숙명을 지닌다. 그런데도 주위를 둘러보면 변화를 싫어하고 거부하는 리더가 의외로 많다. 그들은 과거 자신의 경험과 자신이 선배들에게 배웠던 한계가 있는 생각의 틀에서 벗어나지 못한다. 이런 사람은 자신을 둘러싼 모든 것이 빠른 속도로 변하고 있는데도 혼자서만 눈을 감고 변화는 필요 없다고 주장한다. 아집 때문에 고립되고 결국 쫓겨났던 리어왕처럼 자신을 스스로 왕따로 만드는 격이다.

이런 사람들에게서 공통적으로 보이는 모습이 있다. 이들은 (스스로 생각하기에) 너무 똑똑해서 주변 사람을 숨 막히게 한다. 다른 사람의 생각을 인정하지 않고 아이디어를 묵살한다. 다른 사람의 말을 히용하지 않고 자기 말만 한다. 회의를 하면 최소한 70% 이상 말을 독점한다.

그들이 하는 말을 잘 들어 보면 대부분 다른 사람의 의견에 대한 비난 일색일 경우가 많다. 칭찬은 거의 없다. 이런 리더와 함께 일하는 사람들은 자기가 가진 능력을 제대로 발휘하지 못한다. 동료들은 다시는 그 리더와 일하지 않을 것이라고 마음먹거나 심지어는 그를 피해 조직을 떠나기도 한다.

혹시 내가 변화를 거부하고 구성원의 창의력을 죽이는 리더는 아닌지 스스로에게 질문을 던져 보자. 그리고 자기 주변에 인재가 남아 있는지 살펴보자. 변화를 거부하는 고집쟁이 리더 주변에는 인재가 없다. 당연히 회사가 기대하는 성과도 내놓지 못한다. 남아 있는 인재도 결국 버티지 못하고 언젠가는 떠난다. 반면, 변화를 수용하고 주도하는 리더 주변에는 좋은 구성원이 늘 함께한다. 나아가 기대 이상의 성과도 만들어 낸다.

스스로를 돌아보고 변화의 필요성을 인식했다면 어디서부터 변화를 시작하는 것이 좋을까? 도대체 어디서부터 무엇을 어떻게 바꾸라는 말인가? 변화라는 단어만 생각해도 머리가 아프고 거부감이 들 수도 있다. 당신이 만약 변화라는 단어 자체에 거부감이 든다면 그 이유는 처음부터 너무 거창하고 폭이 큰 변화를 생각하기 때문이다. 물론 변화는 어렵다. 힘들고, 갈등이 생기고, 귀찮은 일이다. 당연히 하기 싫고 웬만하면 피하고 싶다. 또 처음에는 구체적으로 무엇을 해야 할지 잘 가늠이 되지 않는다. 그러니 먼저 작은 것에서부터 변화를 추진해 보자. 마음만 먹으면 쉽게 할 수 있는 일들이 있을 것이다. 거기서부터 일상의 조그만 변화를 가져오자. 변화를 일상의 습관으로 만들면 리더 자신도, 리더가 이끄는 조직도 활기를 띠게 된다.

리더 시프트

3

시간에 대한 생각을 바꾸면
조직이 달라진다

시간은 리더가 가진 가장 중요한 자산 가운데 하나다. 시간을 얼마나 효율적으로 사용하는지에 따라 리더의 성패가 좌우된다고 해도 과언이 아니다. 시간을 효율적으로, 주도적으로 쓰지 못하고 시간에 질질 끌려다니는 리더가 많다. 리더가 되었다면 그 순간부터 시간에 대해 기존에 가졌던 관념을 바꾸는 게 좋다. 이전에는 시간이 자신의 의지와 상관없이 주어지는 것이었다면 리더가 된 후부터는 주도적으로 재구성해 나가야 할 대상이어야 한다. 리더가 시간을 효율적으로 관리하면 자신의 업무 성과뿐 아니라 조직의 성과도 달라진다. 지금부터 시간의 전략적 배분, 일의 우선순위 정하기 등 시간에 관한 생각의 시프트를 도울 수 있는 이야기들을 해 보자.

성과가 높은 구성원에게 더 많은 시간을 써라

리더는 많은 시간을 구성원과 함께 보낸다. 업무를 가르치고, 피드백을 주고받고, 정보를 공유한다. 리더의 업무 시간 가운데 꽤 많은 부분을 차지하는 이 시간을 어떻게 보내고 있는지 스스로 돌아보자. 그리고 이를 바탕으로 보다 효율적으로 시간을 분배할 수 있는 방법을 고민하자.

우선, 리더가 어떤 구성원에게 얼마만큼 시간을 할애하는가를 알아보기 위한 간단한 실험 하나를 제시하고자 한다. 먼저 종이를 펼쳐 놓고 왼쪽에는 위에서부터 아래로 차례차례 성과가 좋은 구성원 이름을 적는다. 오른쪽에는 왼쪽에 적은 구성원의 이름을 적되 리더가 평소 시간을 많이 할애하는 구성원 순서대로 적는다. 이제 좌우의 동일한 이름끼리 선을 그어 연결해 보자. 자. 당신은 성과가 높은 구성원에게 많은 시간을 쓰고 있는가? 아니면 성과가 부진한 구성원에게 많은 시간을 쓰고 있는가?

마커스 버킹엄Marcus Buckingham과 커트 코프만Curt Coffman은 그들의 저서 『유능한 관리자First, Break all the rules』에서 이 실험에 대해 이렇게 말한다. "유능한 리더들이 그은 선은 모두가 평행하다. 그들은 최고의 생산성을 자랑하는 구성원들과 가장 많은 시간을 보낸다. 즉 그들은 최고에게 투자한다."

유능한 리더는 최대의 성과를 내기 위해 그들이 가진 소중한 자산인 시간을 생산성(성과) 높은 구성원에게 투자한다. 생산성이 떨어지는 구성원에게 관심을 가지고 더 많은 시간을 투자할 수도 있다. 그러나 그렇게 하면 나머지 구성원들에게 잘못된 메시지를 심어 줄 수 있다. 즉, '생산성이 뛰어날수록 당신의 상사가 당신에게 보여 주는 관심과 투자하는 시간은 줄어들지 모릅니다'라는 메시지 말이다.

리더가 공정해야 한다는 말은 모든 사람을 똑같이 대우하라는 개념이 아니다. 구성원 각자가 이룬 성과를 염두에 두고 그 가치에 맞게 대우하라는 것이다. 자. 다시 한번 말하자. 가장 뛰어난 성과를 거둔 구성원에게 더 많은 시간을 투자하라. 그들에게 초점을 맞추는 것이 공정한 대우이다.

이렇게 말하면 한편으로 다음과 같은 의문이 드는 사람도 있을 것이다. "그렇다면 성과가 부진한 구성원은 무시하고 성과가 우수한 구성원에게만 시간을 사용하라는 말입니까?" 대답은 "그렇습니다"이다. 기업은 학교가 아니다. 리더는 교사가 아니다. 리더의 제한되고 소중한 자산인 시간을 어떻게 분배할지의 문제는 기업의 성패와 관련한 중대한 주제이기 때문에 교육적으로 다룰 일이 아니라 경영 전략의 틀에서 다루어야 할 일이다.

물론, 리더는 시간을 배분할 때 상황에 적합하게 유연한 의사 결정을 할 수도 있다. 성과가 매우 뛰어난 구성원이 있다고 가정하자. 우리 팀의 핵심 인재이고 알아서 일을 잘하기 때문에 리더의 손길이 크게 필요하지 않다. 이런 경우에는 도전적인 과제를 부여한 다음 그 성취를 인정하고, 그가 도움이 필요할 때 지원하면 된다.

반면, 현재의 성과는 부진하지만 리더의 지원과 관심이 있다면 발전할 여지가 있는 구성원에게는 당연히 많은 관심을 기울이고 시간을 투자해야 한다.

이처럼 리더가 구성원에게 시간을 할애하고 관심을 쏟아붓는 문제는 금을 긋듯이 손쉽게 결정할 문제가 아니다. 최고의 성과를 달성하기 위해서는 일뿐만 아니라 사람에 대해서도 시간을 전략적으로 사용하는 지혜가 필요하다.

구성원의 시간도 소중히 다루어라

구성원들이 자신이 맡은 일을 끝냈는데도 분위기상 어쩔 수 없이 야근을 해야 한다면 정규 근무시간에 열정을 가질 수 없고 높은 생산성을 내기도 힘들다. 단지 밤에도 열심히 일하는 모습을 대외적으로 보여 주기 위해서 일한다면 정작 낮의 업무 시간에는 딴짓을 할 확률이 높고, 이는 낮은 생산성이라는 심각한 문제로 연결될 수 있다.

리더는 자기 조직의 조직 문화 또는 자신의 리더십이 야근을 강요하고 있지는 않은지, 그래서 낮은 생산성을 불러오고 있는 것은 아닌지 따져 봐야 한다. 언젠가 필자가 일반 사원들을 만나 "만약 전혀 눈치 보지 않고 야근을 하지 않아도 된다면 지금 하고 있는 일을 언제 끝낼 수 있나요?"라고 물어본 적이 있다. "하루 8시간으로 충분합니다. 낮에 낭비하는 시간, 예컨대 커피 마시는 시간, 담배 피우는 시간, 잡담하는 시간을 줄이고 일에 몰입하겠지요. 그런데 문제는 우리 조직의 리더들이 '농업적 근면성'을 좋아한다는 겁니다. 그들은 직원이 어떻게 효율적으로 일을 하는지보다 하루에 총 몇 시간을 일하는지에 관심이 더 많아서 그것을 기준으로 삼아 사원들을 평가해요. 그러니 일이 끝나도 눈치 보여서 제시간에 퇴근할 수 없다니까요."

야근 문제는 리더들이 결심하고 행동하면 바꿀 수 있는 문제다. 리더의 시간의 가치와 구성원의 시간의 가치는 다르지 않다. 리더의 시간이 귀한 만큼 구성원의 시간도 귀하다. 다른 사람의 시간도 소중하게 대하자.

시간을 전략적으로 관리하라

시간을 주도적으로 사용하는 한 리더가 있다. 그는 오전 시간을 긴급하고 중요한 업무를 집중적으로 처리하는 데 할애한다. 즉, 오전 시간을 자신만의 시간으로 정하고, 이를 중간 간부에게 알리고, 그 시간만은 다른 사람들에게 방해받지 않고 일에 집중하고 있다.

이 리더처럼 시간을 주도적으로 사용할 수 있는 세 가지 요령을 소개한다.

시간 사용 내역 정리하기

최근 5일 간의 시간 사용 내역을 정리해서 나의 시간 사용 패턴을 분석해 보자. 내가 사용한 총 시간 중에서 어떤 곳에 쓴 시간을 제거해야 할지 답이 나올 것이다. 일단 불필요한 일에 쓰인 시간을 리더의 시간표에서 과감하게 지워야 한다. 리더가 모든 일을 다 할 수는 없다. 리더에게는 리더만의 시간이 필요하다. 제한적인 시간을 효율적으로 사용하기 위해서는 자신에게 주어진 시간 중에 무엇을 지우고 무엇에 집중할지 선택해야 한다. 이때 리더의 시간표에서 제거된 일이 만약 조직을 위해 남겨둘 필요가 있는 일이라면 다른 구성원에게 위임하면 된다.

일의 우선순위 정하기

해야 할 일의 목록 가운데서 우선순위를 정하라. 채야 할 일이 많다고 해서 당장 닥쳐온 급한 일부터 처리하면 계속해서 시간에 쫓기게 된다. 시간을 지배하고 주도하기 위해서는 가치 있는 일, 변화를 일으킬 수 있는 일, 방향을 제시하는 일 등을 먼저 하면 된다.

계획 수립 시간 갖기

매일 15분~20분 정도를 할애해서 앞으로 무슨 일을 어떻게 실행할지 계획을 수립한다. 이때 리더가 다시 한번 다짐할 일이 있다. 그것은 '긴급성'에 매몰되지 않는 일이다. 드와이트 아이젠하워 Dwight Eisenhower의 말을 떠올려 보며 당신의 계획을 다시 한번 심사숙고해 보자. "긴급한 것에는 중요한 것이 없고, 중요한 것은 긴급하지 않다."

시스템 만들기를 최우선 순위로 두라

진정한 리더는 지금보다 나은 성과를 내는 시스템을 어떻게 하면 만들 수 있을지 구성원들과 함께 고민하고 이 과제에 시간을 투자한다. 시스템 만들기는 눈앞의 문제를 해결하는 일보다 훨씬 많은 시간이 걸린다. 그러나 일단 시스템을 만들어 낸 다음부터는 오래 효율적으로 이용할 수 있다.

리더는 단기적 성과에만 매달려서는 안 된다. 장기적 관점을 가지고 문제의 근본적인 해결에 도움이 되는 제도와 장치, 시스템을 고민해야 한다. 리더로 승진한 지금 눈앞에 보이는 당면 과제를 해내는 일도 중요하다. 그러나 나중에 조직을 떠날 때 유산으로서 남길 일도 고민해야 한다.

리더가 조직에 남겨야 할 기본적인 유산이 두 가지 있다. 첫째, 인재를 육성해서 남기는 일. 둘째, 지속적으로 성과를 낼 수 있는 시스템을 남기는 일. 단기적 처방만 한 리더는 단기간 일할 것이고, 장기적 관점에서 성과를 남기면 조직에 오래 머물 수 있을 것이다.

'영역'에 투자하라

스티븐 코비Stephen Covey는 『성공하는 사람들의 7가지 습관The Seven Habits of Highly Effective People』에서 '시간 관리 매트릭스'를 제시하면서 리더가 시간을 어떻게 보내는 것이 가장 효율적인가에 관해 설명한다. 그는 먼저 중요하면서 긴급한 일(A영역), 중요하지만 긴급하지 않은 일(B영역), 중요하지 않지만 긴급한 일(C영역), 중요하지도 않고 긴급하지도 않은 일(D영역)을 구분한다.

이를 가지고 일의 우선순위를 정해 보자. 어떤 순서로 일을 처리하면 좋을까? 의견이 좀 엇갈리겠지만, 내가 만난 리더들 가운데 상당수는 A-C-B-D순으로 일의 우선순위를 정했다. 일의 긴급도를 바탕으로 우선순위를 정하는 것이다.

분명 A영역의 일은 중요하면서 긴급한 일로 즉각적인 처리가 요구된다. 하지만 이 영역의 활동에만 관심을 둔다면 우리는 이 영역에 지배당하게 된다. 시간에 대한 주도성을 잃어버리는 것이다.

C영역 역시 마찬가지다. 이 영역의 일에 치이다 보면 일의 긴급성에 매몰되어서 일의 중요성을 보지 못하게 된다.

상당수의 리더가 실제로 A영역과 C영역을 중심으로 긴급한 일을 처리하느라 시간을 빼앗기고 있다. 정신없이 바쁜 나머지 정작 장차 의미 있는 충격을 줄 수 있는 B영역, 즉 '중요하지만 긴급하지 않은 일'을 외면하고 있는 것이다.

자. 우리 조직에서 B영역에 해당하는 일이 무엇이 있는지 생각

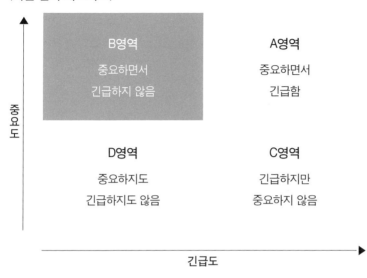

〈시간 관리 매트릭스〉

해 보자. 아마도 당장 시급하지는 않아도 조직의 장래와 관련한 매우 중대한 일일 것이다. 그렇다면, 시급하지는 않아도 중대한 일이란 구체적으로 어떤 것일까? 조직의 입장에서 보면 조직이 중장기적으로 추구해야 할 미래 먹거리, 효율성을 개선할 수 있는 시스템과 프로세스 정립, 조직의 미래를 감당할 핵심 인재 육성 등이다. 개인으로 보면 자기 능력 계발, 평소의 건강관리 등이 이에 해당한다. 스티븐 코비는 우선순위에서 뒷전에 밀린 B영역의 일을 먼저 하라고 권유한다. 그것이 우리가 시간의 노예가 아니라 시간의 주인이 되는 일이라고 말한다.

리더는 조직과 개인의 장래를 위해 지금 당장 급하지는 않지만 중요한 일에 시간을 쓸 수 있어야 한다. 만일 구성원이 단기적 성과에 매여 있다면, 리더는 장기적 성장을 위해 팀이 하는 일의 우선순위를 조정해야 한다.

회의를 효율화하라

조직 생활에서 많은 시간을 차지하는 일 가운데 하나가 '회의'다. 회의를 통해 리더와 구성원은 의견을 모으고 해결책을 찾아내고 결정을 내린다. 회의는 대개 리더가 주도하며 주도권을 가진 리더가 회의를 어떻게 운영하는지에 따라 회의의 질이 달라진다. 회의의 결과는 조직의 운명까지도 바꿀 수 있다.

여기서 한 계열사를 1년 만에 적자에서 흑자로 돌려세운 리더를 소개하고자 한다. 그는 흑자 전환이라는 미션을 받고 대표이사로 부임했다. 첫 회의를 열자 임원들만 10여 명이 참석했다. 그러나 회의가 진행될수록 이미 적자에 익숙해진 임원들하고만 이야기를 나누어서는 성과 달성이 어려울 것 같다는 생각이 들었다. 결국 그는 팀장들도 회의에 참석하라고 지시했다. 실제로 현장에서 일하는 사람은 팀장들이기 때문에 이들과 직접 소통하는 것이 회사를 적자에서 흑자로 전환하는 지름길이라고 판단한 것이다.

그는 회의 자리를 지시사항을 전달하고 현황이나 보고받는 형식적인 자리가 아니라 구체적인 경영 방침을 결정하는 자리로 탈바

꿈시켰다. 구체적인 실행 계획을 세우되 팀장들이 직접 발표하게 했다. 과거에는 팀장들이 임원에게 보고하고 다시 임원들이 대표이사에게 보고하다 보니 현장의 주역인 팀장들의 주인의식을 기르기 어렵다고 판단했기 때문이다.

이 리더는 실무자인 팀장들을 의사 결정 회의에 참여시킴으로써 그들의 의견을 직접 듣고 필요한 조치를 팀장들이 주인의식을 갖고 실행할 수 있게 만들었다. 그리고 실무자와 함께하는 회의를 통해 구성원과 접촉을 늘리면서 진정성 있는 스킨십, 과감한 칭찬 등을 통해 동기를 부여했다. 그뿐 아니라 크고 작은 성공 사례들을 모든 구성원과 공유하며 서로 배우는 문화를 조성했다.

그 결과 이 회사는 1년 만에 200억 원 적자를 32억 원 흑자로 전환시켰다. 효율적인 회의는 이처럼 조직을 변화시킬 뿐만 아니라 커다란 성과를 만들어 내는 기초가 된다. 그러면 효율적이고 효과적인 회의를 만드는 기법에 대해 조금 더 자세히 알아보자.

회의 시나리오 준비하기

우선, 회의의 시나리오와 콘텐츠를 사전에 미리 준비하면 상당히 효율적으로 회의를 진행할 수 있다. 회의에 앞서서 회의에서 다루어야 하는 사항이 무엇인지 예상되는 문제점과 그에 대한 해결방안은 무엇인지 등에 대한 답을 미리 준비해 보자. 다음에 나오는 표는 회의 전에 체크해 두면 좋을 사항들이다.

〈회의 전 체크리스트 (예시)〉

A	회의 의제는 무엇인가?
B	누구를 참석시킬 것인가?
C	원하는 결과는 무엇인가?
D	어떤 방식으로 진행할 것인가?
E	누가 주도할 것인가?
F	예상되는 회의 시간은?

이렇게 회의가 사전에 디자인되고 그 시나리오대로 진행된다면 회의에 참석한 모든 사람이 효율적이고 효과적인 시간을 보낼 수 있다. 구성원은 디자인된 회의 진행에 따라 자기 생각을 펼칠 기회를 얻을 수 있으며, 이렇게 될 때 회의는 리더의 전략이나 방침을 전달하는 자리가 아니라(때로는 그런 활용도 가능하다) 다양한 구성원이 다양한 아이디어를 내놓고 전략을 짜는 토론의 장이 될 수 있다.

그런데 이러한 회의 디자인은 일관성 있게 반복되어야 한다. 한두 번만 이렇게 진행하고 또다시 과거의 방식으로 돌아가면 시작하지 않느니만 못하다. 이렇게 회의를 사전에 디자인하여 진행해본 리더들은 한결같이 "회의 시간이 대폭 짧아졌어요", "회의 진행에 부담이 없어졌습니다", "회의 결과가 명확하게 나옵니다" 하고 말한다.

회의는 조직 생활에서 피할 수 없는 일이며 리더의 일과 중 가장 많은 시간을 차지하는 부분이기도 하다. 회의를 사전에 디자인하여 제대로 효율적으로 진행하는 버릇을 들인다면 그 결과는 들인 공에 비해 훨씬 나은 결과로 나타날 것이다.

리더가 말을 줄이기

회의는 다양한 의견이 드러나는 자리가 되어야 한다. 이를 위해서는 리더가 말을 줄여야 한다. 그래야 구성원의 참여를 촉진할 수 있다. 이를 위한 몇 가지 기술이 있다.

첫째, '인디언 스틱'을 활용하자. 인디언 스틱은 인디언들이 부족 회의를 할 때 사용하던 것으로, 발언권은 인디언 스틱을 가지고 있는 단 한 사람에게만 부여된다. 물론 누구나 스틱을 요청할 수 있다. 스틱을 가진 사람만 말을 할 수 있으므로 누구도 그가 말하는 도중에 그의 말을 끊을 수 없다. 이것은 리더도 예외가 아니다.

둘째, 모래시계를 사용하자. 특히 모래시계는 리더가 사용해야 한다. 3분, 5분, 10분용 모래시계의 모래가 다 떨어질 때까지 무조건 참고 발언하지 않는다. 이렇게 리더가 경청하고자 노력하는 모습을 보는 구성원은 리더에게 신뢰를 보낼 것이다. 자주 사용하다 보면 참고 경청하는 시간이 늘어나고 결국에는 모래시계 없이도 말을 하지 않고 이야기를 듣는 것이 가능해질 것이다.

셋째, 메모지 사용도 좋은 방법이다. 회의 때는 일반적으로 리더 혹은 주도성이 강한 사람이 말을 독점하는 경향이 있다. 이때 보통 구성원은 자신의 생각과 관계없이 강하게 의견을 피력하는 사람에게 동의하게 된다. 이를 방지하기 위해 참석자 전원에게(전원 참여가 중요하다) 특정 사안에 대한 의견을 메모지에 적게 하고 이를 발표하게 한다. 이는 많은 사람의 아이디어가 필요한 회의에 특히 도움이 된다.

넷째, 리더의 발언 타이밍을 미리 정해두는 방법도 있다. 예를 들어, 회의를 시작하면서 리더가 회의의 목적, 예상 시간, 원하는 결과 등을 말하는 데 10분 정도를 할애하고, 또 회의 마무리 발언을 하는 데 10분 정도 할애하는 것이다.

다섯째, 회의 주관자의 역할을 리더가 전담하지 말고 돌아가면서 맡는 것도 좋다. 이런 방식의 회의를 기획하는 것은 중간 간부 육성을 위한 목적이 있을 때다. 이 경우에는 사전에 주관자를 지정한 다음 회의를 준비하게 한다. 이런 형식은 리더십을 연습시킨다는 차원에서 매우 효과 있는 방법이다.

이 다섯 가지 방법을 각자 상황에 맞춰 활용하면서 점차 리더인 '나'의 말을 줄여가자. 훨씬 더 다양한 이야기가 오가는 회의 시간이 될 것이다.

4

멘토, 그리고
성찰의 시간이 필요하다

등불을 밝혀 줄 멘토를 찾아라

당신이 리더 역할을 성공적으로 수행하는 비결 가운데 하나는 멘토를 만드는 것이다. 가끔 멘토가 없다, 주위에 배울 만한 사람이 없다고 말하는 리더들이 있는데, 마음이 닫혀 있으면 세상 어디에서도 스승을 찾을 수 없고 마음이 열리면 풀과 꽃과 나비가 다 스승이 된다. 닫힌 마음을 열어라. 연인이 멀리 있지 않듯 멘토도 먼 곳에 있지 않다. 당신의 주변 사람 모두가 멘토가 될 수 있다는 심정으로 무협지 속의 무사가 스승을 찾아 중원을 헤매듯 스승을 찾아다녀라. 그 사람이 존경받는 전형적인 멘토의 모습이 아니라도 좋다. 가장 좋은 멘토는 의외로 당신의 조직 내에 있을 수도 있다.

상사를 만나 보자. 그를 찾아가서 적극적으로 물어보자. 자신에게 조언을 달라고 요청하는 부하 직원을 싫어하는 상사는 없다. 물론 찾아가기 전에 준비를 많이 해서 고민한 흔적을 보여 주어야 한다.

동료도 멘토가 될 수 있다. 상사에게 인정받는 동료, 부하 직원들이 따르는 동료, 발표를 잘하는 동료 등 주변을 살펴보면 배울 사람이 많다. 눈을 크게 뜨고 마음을 열면 보인다. 함께 일하는 구성원은 어떨까. 그들도 훌륭한 멘토가 될 수 있다. 젊은 직원들은 최신 정보, 최신 IT 기술에 매우 능숙하다. 그들에게 마음을 열고 가까이하면 많은 것을 배울 수 있다. 이 밖에도 우리 주변에서 멘토로 삼을 만한 몇 가지 대상을 소개한다.

잔소리꾼 상사 멘토 만들기

상사 중에서도 특히 평소 사이가 좋지 않은 상사를 멘토 삼는다면 더없이 좋다.

상사 때문에 마음고생을 심하게 하는 한 리더를 만났다. 그는 상사가 자신을 계속 무시하고 심하게 간섭하는데 어떻게 해야 할지 모르겠다며 하소연했다. 그에게 가장 어려운 점을 물었더니 이렇게 답했다. "부문장님이 실무까지 너무 세세하게 관여합니다. 그 부문장님 업무 경력이 무려 30년이에요. 우리 회사에서 최고의 전문가죠. 그러다 보니 모든 일에 관여합니다. 제가 소외당하는 느낌이 들 정도예요. 또 그분이 제가 이끄는 조직에 속해 있는 팀장에게 직접 보고받을 때면 그 팀장을 너무 심하게 질책합니다. 야단치는 소리가 제 방까지 다 들리는데 정말 죽을 맛입니다."

우리는 문제를 해결하기 위해 계속 협의해 나갔고 그 과정에서 몇 가지 방안을 이끌어냈다. 첫째, 부문장의 장점을 찾아서 칭찬하라. 둘째, 그의 전문성을 인정하고 그에게 궁금한 것을 물어라. 자신의 전문성을 인정하고 자문을 구하는 사람을 싫어하는 사람은 없다. 셋째, 자신의 팀에 속해 있는 팀장이 질책받을 때 부문장 방으로 가서 팀원을 보호하는 역할을 하라. 부문장에게 "제가 좀 더 살펴보고 다시 보고하겠습니다. 말씀하신 부분을 좀 더 자세하게 검토하겠습니다"라고 말하면서 팀장에게 숨 쉴 기회를 제공하고 리더로서 나의 역할을 부각하라.

몇 주 뒤, 실행 결과가 나왔다. "부문장과 많이 가까워졌습니다. 필요한 것이 있을 때 많이 물어보고 도움도 받았어요. 농담까지 하게 되었으니까요. '부문장님, 너무 많이 챙기지 마세요. 저도 할 일 좀 해야 하지 않겠습니까. 부문장님이 다 챙기시면 제가 할 일이 별로 없습니다'라고 말했죠. 이렇게 시간이 지나다 보니 자신감도 생기고 제 역할을 좀 더 주도적으로 할 수 있게 되었습니다."

주변에 멘토가 될 수 있는 사람은 많은데 눈을 크게 뜨고 찾지 않았을 뿐이다. 특히 가까이 있는 사람, 그중에서도 평소에 사이가 별로 좋지 않았던 사람을 멘토로 삼을 수 있다면 오히려 아주 큰 도움이 될 것이다. 에이브러햄 링컨Abraham Lincoln이 했던 말을 떠올려 보자. "적을 없애는 가장 좋은 방법은 적을 죽이는 것이 아니라 적을 내 편으로 만드는 것이다."

동료 리더 멘토 만들기

팀장 대여섯 명과 함께 그룹 코칭을 하는 경우가 있다. 임원을 대상으로는 일대일 코칭을 많이 하고, 팀장을 대상으로 하는 경우에는 그룹 코칭을 많이 한다. 그룹 코칭은 좋은 점이 많다. 참석자 중에 한 사람이 좋은 리더십을 보이면 다른 사람들이 이를 저항감 없이 배우고 바로 따라 할 수 있다는 점이 그 하나다. 또, 팀장 한 명이 어려움을 겪을 때 다른 팀장들이 다양한 경험을 통해서 해결책을 공유할 수 있다는 점도 참 좋다.

그룹 코칭의 또 다른 장점은 한 사람이 리더로서의 어려움을 이야기하면 참여자 모두가 다 같이 공감하고 위로를 받는다는 점이다. 그때 그들이 하는 말이 있다. "나만 이런 고민을 하는 줄 알았는데, 오늘 보니까 다른 팀장들도 비슷한 고민을 하고 있네요! 많은 위로가 됩니다. 앞으로 고민과 어려움을 공유하면서 같이 성장하면 좋겠습니다."

나는 당신의 가장 가까운 곳에 좋은 멘토가 있다고 말하고 싶다. 리더의 자리는 기본적으로 외로운 자리다. 리더가 된 순간부터 어쩌면 혼자 고군분투해야 할 운명에 처할지도 모른다. 그러나 가까운 곳에서 자기와 같은 고민을 하면서 치열하게 견뎌내고 있는 사람들이 있다. 리더끼리 서로의 멘토가 되어 주자. 서로 하소연하면서 그 자리가 주는 어려움에 대한 이야기를 나눈다면 리더라는 자리가 주는 중압감을 상당 부분 해소할 수 있다.

다른 리더들과 함께하자. 만나서 구성원 험담은 하지 말고 가끔은 팀장에게 스트레스를 주는 임원들 뒷담화도 하고 우리가 얼마나 어려운 일을 하고 있는지! 얼마나 큰 성과를 내고 있는지! 그것을 알아주지 않는 회사와 임원들에게 얼마나 서운한지 마음껏 이야기하자.

책도 멘토 만들기

책 속에는 리더가 배울 만한 지혜가 아주 많다. 특히 자신의 전문 지식과 관계없는 분야의 책을 많이 읽으면 좋다. 생각의 폭이 넓어지고 대화의 소재가 풍부해진다.

당신이 엔지니어 출신의 리더라면 인문학 서적을 추천하고 싶다. 특히 필자는 『사서삼경四書三經』을 권한다. 그곳에는 우리가 미처 생각하지 못했던 인간관계의 지혜가 가득하다. 당신이 인문학이니 사회과학을 지식 배경으로 하는 리더라면 과학 서적, 건축 서적 등을 읽어 보기를 권한다. 오늘날은 통섭의 시대다. 자기 분야만 고집해서는 리더십을 확장할 수 없다. 음악, 미술, 사학, 철학 서적도 리더십의 보물창고임을 잊지 말자.

리더들의 성공 사례와 실패 사례 찾기

리더십을 고양시킬 수 있는 지혜가 책 속에만 담겨 있는 건 아니다. 좋은 리더십의 사례들은 책 이외의 곳에도 많이 있다. 시간 날 때 인터넷에 들어가서 조금만 찾아보면 리더들의 성공 사례를 찾을 수 있다. 키워드 검색만 해 보아도 나의 앞길을 밝혀 줄 금쪽같은 조언들을 많이 얻을 수 있을 것이다. 의무로 읽어야 하는 글은 짐이지만 마음을 열고 읽으면 내 것이 된다.

성공 사례뿐만 아니라 실패 사례도 반드시 함께 찾아보자. 실패 사례를 마주하다 보면 리더가 빠지기 쉬운 함정이나 절대로 해서는 안 되는 일이 무엇인지도 알게 된다. 다른 리더의 실패 사례를 많이 읽을수록 당신의 실수와 실패는 줄어들 것이다.

내면을 돌아보는 성찰의 시간을 가져라

리더는 늘 시간에 쫓기고 매우 바쁘다. 그래서 스스로를 돌아볼 여유가 없을 때가 많다. 그런데 바쁘다고 마냥 시간에 끌려다니면 리더의 역할을 제대로 할 수 없다.

리더는 자신에게 주어진 시간 가운데 일정한 시간을 자신의 내면을 돌아보는 성찰의 시간으로 바꿀 필요가 있다. 그것이 본인과 조직의 안정적인 성장을 위하는 길이다. 리더의 성찰을 위한 방안, 그리고 성찰의 시간을 확보할 수 있는 몇 가지 방법을 소개한다.

출근 후 20분, 퇴근 전 20분 성찰의 시간 갖기

리더들은 보통 아침에 출근하면 대개 습관적으로 노트북을 켜고 밤사이에 들어온 이메일을 확인한다. 출근하자마자 여유도 없이 일을 시작하는 것이다.

필자가 코칭을 할 때 이런 리더들의 하루 시작을 위해 꼭 권하는 활동이 있다. 출근하면 바로 노트북을 켜지 말고 종이 한 장과 볼펜을 잡고 책상에 앉는다. 오늘 하루 무엇을 할 것인가, 무엇을 하지 않을 것인가, 무엇을 배울 것인가, 오늘 꼭 해야 할 전략적인 과제는 무엇인가 등을 적어 본다. 10분이면 충분하다. 나머지 10분은 오늘 할 일의 순서를 정해 보자. 급한 일의 순서대로 정하지 말고, 전략적인 판단하에 정하자. 그렇게 하면 일의 성과가 달라지는 것을 느낄 수 있다. 이 시간에 또 하나 할 일이 있다. '오늘 나는 나와 함께 하는 구성원들에게 어떤 관심과 배려를 보일 것인가? 그것을 위해 무엇을 할 것인가?' 이것을 생각하고 실행하는 일이다.

퇴근할 때도 마찬가지다. 노트북을 끄고 난 다음 바로 퇴근하지 말고 다시 한번 종이와 볼펜을 잡고 적어 본다. '오늘 하기로 한 일을 다 했는가?', '오늘 하루 리더로서 무엇을 학습했고 어떤 면에서 성장하고 발전했는가?', '내일 할 일은 무엇인가?' 등을 말이다.

필자에게 이 활동을 권유받은 리더들 가운데 일부는 이를 실행했고 일부는 실행하지 않았다. 성찰의 시간을 가져 본 리더들은 그 활동의 효과에 대해서 한결같이 엄지손가락을 치켜들었다. 필자는 이 책을 읽는 리더들이 아침저녁으로 한 차례씩 성찰의 시간을 갖는 이 활동만큼은 꼭 실행해 주었으면 좋겠다고 바란다. 하루에 단 20분만 투자해도 그 효과가 엄청날 거라고 확신한다. 이 성찰의 시간은 바쁜 일에 끌려다니는 수동적인 리더가 아니라 시간을 지배하는 능동적인 리더로서 다시 태어나도록 당신을 이끌어줄 것이다.

객관적인 시각을 가진 비판자 두기

사람은 일반적으로 자신이 경험하고 관여한 문제는 정확히 알고 있고 충분히 이해하고 있다고 생각한다. '나는 오랫동안 신규 사업에 깊은 관심을 기울여왔고 실제 진행도 많이 했으니 상당한 전문가라고 할 수 있어. 이 분야에서 나보다 많이 아는 사람은 없을 거야!' 하는 식이다.

반면에 같은 문제에 관해 자기와 견해가 다른 사람의 경험은 부정적인 배경이 된다. 이를테면, '그 사람은 환경문제에 오래 관여하면서 관심을 기울여왔으므로 절대로 공정할 수 없어. 너무 많은 편견과 선입견을 가지고 있기에 객관적인 전문가라고 할 수 없어!'라고 말이다. 전형적인 '내로남불' 아닌가.

리더는 때로 특권 의식에 사로잡혀 사안을 객관적으로 바라보지 못하고, 내가 하는 생각이 무조건 정답이라는 생각에 빠지기 쉽다. 또, 자신이 구성원보다 경험이 많고 조직에 관심도 더 많다고 자신이 가장 전문가라고 생각하는 경향이 있다.

엘리엇 애런슨Elliot Aronson과 캐럴 태브리스Carol Tavris는 『거짓말의 진화Mistakes were made(but not by me)』에서 이렇게 말했다. "특권은 리더의 맹점이다. 그들은 그것에 대해 깊이 생각하지 않는다. 그들은 자신의 사회적 지위를 당연히 누려야 하는 것으로 정당화한다."

당신은 혹시 리더라는 역할에 함몰되어 내가 하는 생각이 무조건 정답이라고 확신하고 있지는 않은가? 또 내가 누리는 좋은 환경이 당연하다고 생각하고 있지는 않은가? 리더는 바로 이 맹점을 조심해야 한다. 이 맹점의 방을 탈출하기 위해서는 타인의 생각과 행동을 관찰하듯이 자신의 생각과 행동을 객관적이고 비판적으로 지켜봐야 한다.

우리에게는 현실을 객관적으로 보여 줄 수 있는 사람, 쓴소리를 해 줄 수 있는 사람이 필요하다. 우리가 현실에서 너무 멀리 벗어날 때 다시 제자리로 이끌어줄 비판자들 말이다. 이는 특히 권력이 있거나 리더의 위치에 있는 사람에게 중요하다. 높은 자리에 올라간 사람일수록, 한 자리에 오래 있었던 사람일수록 더 그렇다. 리더는 적극적으로 비판자를 만들고 그들에게 비판을 요청해야 한다. 그리고 그 비판을 거울삼아 스스로 성찰하는 시간을 가져야 한다. 물론 쉽지 않은 일이다. 그러나 진정한 리더가 되기로 결심한 사람이라면 잊지 말아야 할 일이다.

때로는 직관을 억제하고 심사숙고하기

대니얼 카너먼Daniel Kahneman은 『생각에 관한 생각Thinking, Fast and Slow』에서 재미있는 연구 결과를 소개했다. 우선, 그는 같은 내용의 문제를 작고 흐릿하게 인쇄한 종이와 크고 또렷하게 인쇄된 종이로 나눠 학생들에게 나눠 주고 읽게 했다. 이 문제에는 함정이 있어서 문제 풀이에 실수할 가능성이 있었는데, 또렷하고 크게 인쇄된 종이의 문제를 푼 학생들보다 흐릿하고 작게 인쇄된 종이의 문제를 푼 학생들의 정답률이 훨씬 높았다. 이는 흐릿하게 인쇄된 문제를 받아든 학생들의 경우 천천히 어렵게 어렵게 그 문제를 읽으면서 직관을 가라앉히고 인지적 긴장감을 바탕으로 심사숙고할 수 있었기 때문이라고 한다.

이 책에는 글을 읽는 속도와 능력이 떨어지는 난독증 환자에 관한 이야기도 나온다. 위와 비슷한 유형의 문제에 대해 난독증 환자의 정답률이 난독증이 없는 사람보다 오히려 높았다. 왜일까? 난독증 환자들은 글을 읽는 행위에 조금 더 공을 들이기 때문이다. 그래서 직관이 개입할 가능성이 적고, 판단을 망칠 가능성 또한 낮아졌다는 것이다. 우리는 이 사례에서 역경이나 핸디캡이 오히려 장점으로 바뀔 수 있다는 사실을 알 수 있다. 사람들이 자신에게 친숙하거나 익숙한 일을 할 때는 직관이 빨리 작용해 지나치게 낙관적인 경향을 보이게 되므로 실패 가능성이 높아진다. 그러나 역경이나 핸디캡이 있을 경우 직관이 배제되고 오히려 이성적이고 논리적인 능력이 발휘될 수 있다는 사실을 이 사례는 보여 준다.

리더가 자신감을 가지고 강력하게 일을 추진하는 것은 좋은 일이다. 그러나 그것이 늘 옳은 일만은 아니라는 것을 염두에 두어야 한다. 정말 중요한 일, 완전히 새로운 일, 집단지성이 필요한 일을 처리할 때, 리더는 직관을 일단 배제하고 주변 사람들의 지혜와 지성을 모으고 심사숙고할 시간을 가질 필요가 있다. 워낙 많은 정보가 빠르게 범람하는 시대다. 리더가 자신의 직관만을 믿거나 자신의 선택에 의문을 갖지 않으면 조직에 큰 손실이 발생할 수도 있다.

리더 시프트

SHIFT 2

소통 방식의 시프트

리더십의 시작과 끝은 소통이다

소통은 기업 경영에 있어서 매우 중요하다. 기업 내 소통의 중요성을 직관적으로 반영할 수 있는 두 개의 숫자가 있는데 바로 두 개의 70%다. 첫 번째 70%란 기업 경영자들은 실제 70%의 시간을 소통을 위해 사용한다는 것이다. 두 번째 70%란 기업의 문제 중 70%는 소통의 장애로 야기된다는 것이다.

뤼궈룽, 『경영의 지혜』

1
..

리더의 소통,
조직을 살아 움직이게 만든다

필자는 코칭을 위해 회사 사무실을 많이 방문하는데, 항상 사무실 분위기를 유심히 살핀다. 분위기가 살아 있고 시끌벅적하고 생기가 넘치는 조직이 있는 반면에 정말 조용하게 일만 하는 조직도 있다. 너무 조용해서 심지어 마치 좀비들만 조용하게 돌아다니는 듯한 분위기를 풍기는 조직도 있다. 조용한 조직이라고 다 그런 것은 아니지만, 대개 그런 조용한 조직을 관찰해 보면 리더가 말을 독점하고 구성원은 입을 닫고 있는 경우가 많다. 이런 조직에서는 의견의 자유로운 소통이 이루어지지 않고, 집단적 시너지가 발휘되기 어렵다.

리더는 자기 조직의 소통 통로가 어디서 막혀 있는지, 그 원인은 무엇인지 분석하여 개선해야 한다. 문제의 원인은 다양할 수 있지만, 대개의 경우 리더에게 있다. 리더의 소통 방식은 조직을 살아 움직이게도 만들기도 하고, 죽이기도 한다. 그러므로 당신이 리더가 되기로 결심한 순간 결행해야 할 가장 중요한 일 가운데 하나가 소통 방식의 시프트다.

자. 무엇을 어떻게 해야 하는가. 지금까지의 소통 방식이 잘못되었다면 어떻게 바로잡아야 하는가. 함께 논의해 보자.

'조용한 조직'을 타파하라

오랫동안 해외 생활을 하고 본사로 돌아와 일을 시작한 한 리더는 이렇게 말했다. "가장 위험한 조직은 조용한 조직이다. 해외 생활을 마치고 본사로 돌아와 보니 조직의 획일성이 더욱 심해져 있었다. 직원들이 사무실에서 말을 거의 하지 않더라."

한국 사회에만 있을법한 특이한 조직 문화가 있다. 바로 '말 상납'이다. 말을 하는 권한을 윗사람에게 상납하는 경향을 말한다.

회의, 미팅 등 여러 사람이 모인 자리에서 리더가 시작과 끝 그리고 중간 과정까지 말을 모조리 독점하는 것을 너무나 자연스럽게 받아들인다. 심지어 회식 자리에서도 이런 현상을 목격할 수 있다. 제일 높은 사람이 입을 여는 것으로 시작되는 회식 시간은 대부분 리더의 가르침, 경험, 의견 등을 듣는 자리가 되어 버린다. 그럼에도 회식을 마무리할 때가 되면 누군가 한마디 한다. "팀장님, 한 말씀 하시고 마무리하시죠."

구성원은 팀장의 개인사나 그가 기르는 반려동물 이야기에 관심이 없다. 그럼에도 이른바 '자본주의 리액션'을 가미해서 들어 준다. 왜? 팀장이니까. 혹시 당신은 구성원이 억지로 해 주는 이 같은 리액션에 취해 말을 늘어놓고 있지는 않은가? 그리고 이를 소통이라고 착각하고 있지는 않은가?

앞 장에서, 리더가 되면 마음가짐mind setting의 패러다임을 바꾸어야 한다고 말했다. 이 '마음가짐의 시프트'는 상황을 인식하는 관점과 문제를 해결하는 방법에서 내적 변화를 이루는 일이다. 그런데 리더의 마음가짐과 리더의 소통 방식은 따로 떨어져 있지 않고 연결되어 있다. 소통 방식을 전환하기 위해서는 마음가짐의 패러다임을 전환하는 일이 선결 과제다. 만약 어떤 리더가 자신의 소통 방식을 개선하고자 한다면 그는 먼저 구성원을 바라보는 관점에서 패러다임을 전환해야 한다.

그렇다면 구성원을 바라보는 관점이란 무엇인가? 예를 들면, '구성원을 부하 직원으로 볼 것인가 파트너로 볼 것인가?', '가르치는 대상으로 볼 것인가 협의의 대상으로 볼 것인가?', '나만 맞다고 볼 것인가 아니면 상대방도 맞을 수 있다고 볼 것인가?' 등의 구성원에 대한 마음가짐을 말한다. 리더는 구성원을 부하 직원이 아니라 파트너로, 가르침의 대상이 아니라 협의의 대상으로 인식해야 한다. 구성원에 대한 이러한 '마음가짐의 시프트'를 이행함으로써 소통 방식의 전환, 즉 언어와 행동의 전환을 이루는 토대를 마련할 수 있

다. 리더가 구성원을 바라보는 관점에 따라 리더의 언어와 행동이
달라지기 때문이다.

소통의 편중을 시정하라

당신이 닮지 말아야 할 리더의 사례를 하나 제시하고자 한다. 여
기서 소개하는 리더는 구성원들 사이에 자주 충성 경쟁을 시키고,
말 잘 듣는 구성원만 편애하는 최악의 리더십을 보여 주었다.

그는 본인이 좋아하는 사람들만 불러서 식사를 함께한다. 자신
의 마음에 들지 않거나, 자신과는 다른 의견을 제시하거나, 대답을
제때 하지 못한다는 등 갖가지 이유를 들어 특정한 사람을 계속해
서 배제했다. 이런 상황이 반복되자 그가 속한 조직 내에서는 누구
누구가 이 사람에게 찍혔다더라, 이 리더가 어떤 사람만 편애하더
라 등의 소문이 돌았다.

이런 악습은 업무에도 직접적인 영향을 미쳤다. 회의 때조차도
리더가 편애하고 차별하는 사람이 누구인지 누가 봐도 알 수 있을
정도였다. 리더가 본인에게 듣기 좋은 말을 하는 사람하고만 선택
적으로 소통하다 보니 좋은 의사 결정을 내릴 가능성이 줄어들었
다. 실제로 이 리더의 의사 결정은 거듭 실패했다. 리더가 조직 내
소통의 흐름을 스스로 편중시켜서 조직 전체를 멍들게 한 것이다.

이 사례와 반대의 사례도 있다. 소통의 모범이 되는 리더의 사례

다. 소통에 있어서 이 리더의 특징은 '기다림의 미학'으로 요약할 수 있다. 경영 현장에서는 리더와 구성원이 목표 일정에 함께 동의했어도 실무 상황에서는 계획과 달리 차질이 생겨 시간이 더 걸리는 경우가 많이 발생한다. 그럴 때 이 리더는 구성원과 다시 일정을 합의한다. 이렇게 했음에도 시간이 더 걸릴 경우, 그는 차분하게 상황을 파악한 다음 재촉하지 않으면서 구성원을 기다려 주었다.

그는 본인의 의견과 반대되는 실무자의 의견에도 날 선 반응을 보이지 않고 참아 주었다. 이런 모습을 본 구성원들은 '우리가 놀지 않고 최선을 다하고 있다는 사실을 인정하고 있구나!', '일이 많은 것을 알기 때문에 온갖 불만을 털어놓아도 감정적으로 대응하지 않고 참고 있구나!'라고 생각했다.

이 리더는 또한 자신의 상사에게 받은 압력을 구성원에게 티 내지 않고 본인이 소화했다. 그뿐만 아니라 중요한 사안을 중간관리자가 경영진에게 직접 보고할 기회를 주었다. 큰 틀만 리더가 보고하고 세부 내용은 보고서를 직접 만든 중간관리자가 보고하게 함으로써 해당 구성원이 경영진의 눈에 띌 수 있게 배려했다.

소통력은 기술이 아닌 내용임을 인식하라

리더에게 필요한 소통 능력, 즉 소통력은 말만 그럴듯하게 잘하는 언어 구사 기법을 의미하는 것이 아니다. 말 잘하는 사람은 많아도 소통력이 뛰어나다고 인정할 만한 리더는 드물다. 리더의 소통력이란 사람들과 제대로 된 인간관계를 맺고 그것을 유지할 수 있는 능력이다.

리더의 소통력이 중요한 이유는 그것이 조직의 성과에 영향을 미치기 때문이다. 그것도 매우 많이. 어떤 조직의 똑같은 구성원들이 업무상 실력이나 경험에서 그리 차이가 나지 않는 두 사람의 리더 아래서 근무했음에도 업무 성과가 크게 차이가 나는 경우를 자주 본다. 그 이유가 구성원의 숨은 능력을 끌어낸 리더의 소통력에 있음을 발견하고 놀란 적이 많다.

소통력과 관련해서 인상적으로 기억되는 한 리더가 있다. 그는 주로 대졸자가 인정받아온 한 기업에서 고졸 출신으로 부사장까지 승진한 입지전적 인물이다. 이 리더에게 성공 비결을 물었다. 그의 대답은 간단했다. 구성원과 소통하고 그들의 마음을 알아주는 것.

이 리더는 특히 사람의 마음을 세세하게 알아주는 장점을 발휘했다. 그는 구성원 개개인을 관찰하고 직접 한 사람 한 사람에게 질문한 다음 그들의 대답을 잊지 않고 데이터베이스에 기록했다. 그리고 구성원과 다음번에 이야기를 나눌 때는 이 정보를 활용해 대화를 이어갔다. 당사자의 반응은 어땠을까. 대체로 '별걸 다 기억하고 계시네! 나한테 관심이 많구나'와 같이 반응했고, 대화를 통해 리더의 진정성을 느낄 수 있었다고 한다.

또, 그는 새로운 조직에 부임해 처음 접하는 일을 할 때 매우 겸손하게 접근했다. 모르는 일을 모른다고 솔직하게 드러내 놓고 구성원과 함께 배웠다. 그리고 그 과정에서 구성원이 힘들어할 때 그들의 마음을 알아주려고 노력했다. 그 결과, 일이 많아서 힘들 때도 낙오자가 나오지 않았고, 조직의 모든 구성원이 자발적이고 열성적으로 일했다. 특히 그의 팀은 지금까지 선례가 없었던 업무에서 기대 이상의 성과를 거두었다.

이 사례는 리더의 소통 능력이 겉으로 드러나는 말솜씨가 아니라 구체적인 '내용'이라는 것을 보여 준다. 이 리더는 구성원을 개인별로 꼼꼼하게 관리하면서 그들의 가치를 알아주었다. 레토릭만이 아니라 내용이 뒷받침된 소통을 통해 구성원은 리더의 진정성을 느낄 수 있었고, 나아가 조직에서 자신의 존재를 특별하게 느낄 수 있었다.

자신의 대화 패턴을 확인하라

사람은 말을 조심해야 한다. 리더는 더욱 조심해야 한다. 말은 약이 될 수도 있지만, 때로는 독이 될 가능성도 있다. 리더에게 말은 능숙하게 써야 하는 도구가 아니라 조심해서 써야 할 도구임을 명심하자. 특히 조심해야 할 것이 습관적으로 쓰는 말 중에 자기도 모르게 상대방의 감정을 상하게 하는 말이다. 대화 상대방의 감정이 상하면 소통이 제대로 될 리가 없다. 말하기 전에 자신이 하려는 말을 상대방이 어떻게 생각할지 주의 깊게 살피고 한 번 더 생각한 다음에 표현하는 것이 좋다.

한 기업에서 신임 팀장들을 대상으로 강의를 했을 때의 에피소드다. 수강자들에게 서로 대화를 나누는 실습 과제를 주고 나서 점검차 돌아다니다 보니 어떤 조가 눈에 띄었다.

팀장 두 사람이 대화를 나누고 있었는데 그중 한 사람의 언어 습관이 독특했다. 한 팀장이 의견을 제시할 때마다 다른 팀장이 습관적으로 '~가 아니고'를 앞세워 말을 받는 것이었다. 그들은 칼에 관한 토론을 하고 있었다.

"휘어져야 안 부러지고…"

"그게 아니고 탄성이 있어야 안 부러지죠!"

"탄성과 휘어지는 것은 같은 것 아닌가요?"

"그게 아니고 다른 거죠!"

이 짧은 대화에서 무엇이 느껴지는가 말을 꺼낼 때마다 상대방이 나의 말을 부정하면 기분이 어떨까. 일단 불쾌한 기분이 든다. 존중받지 못한다고 느낄 수도 있다. 이때 상대방과 대화를 계속하고 싶을까? 마음을 닫고 방어적 자세를 취할 가능성이 크다. 대화역시 절대로 길게 이어지지 않을 것이다.

사실, 놀라울 정도로 많은 사람이 다른 사람의 감정을 고려하지않은 채 말한다. 보통은 본인도 의식하지 못한 채 그렇게 말을 한다. 아마 당신도 주위에서 그런 모습을 종종 보고 있을지도 모른다. 이제 자신의 언어 습관을 한번 돌아보자. 혹시 나는 부정적인 단어를 습관적으로 사용하고 있지는 않은가? 다른 사람의 생각이 나와

'다른' 것을 '틀리다'고 말하지는 않는가? 이런 언어 습관은 결코 사소한 것이 아니다. 내가 사용하는 말이 나의 품격을 규정한다.

자신의 언어 습관을 파악했다면, 거기서 그치지 말고 대화할 때 드러나는 대화 패턴도 확인해 보자. 대화 패턴을 확인하기 위해서 본인이 참석한 회의 혹은 토론 장면을 동영상으로 촬영해 보면 어떨까. 그 영상을 보면 자신이 평소에 누군가와 대화할 때 어떻게 반응하는지 알 수 있다. 이야기를 들을 때 눈을 보고 있는지, 경청하고 있는지, 말투, 표정, 몸짓, 자세 등은 어떤지, 나아가 반대 의견을 어떻게 수용하는지도 적나라하게 볼 수 있다.

이 영상을 보면서 스스로 평가해 보면 더욱 좋은 소통 습관을 위한 발전 포인트를 만들어 낼 수 있다. 나의 발언 횟수는 적당했는가, 분위기를 활기차게 만들기 위해 노력했는가, 나의 주장을 너무 강하게 표현하지는 않았는가, 다른 사람에게 호감을 주는 대화를 했는가 등을 확인해 보면 내가 평소 어떤 소통에 강점이 있는지, 나의 소통 방식에서 보완해야 할 점은 무엇인지를 알 수 있다. 그리고 이 과정을 통해 대화의 질을 높일 수도 있다.

필자 역시 소통에 관한 강의를 할 때 시간이 허용하면 비디오 피드백video feedback을 진행한다. 이때 일부러 결론이 나기 어려운 문제를 제시한 다음 6~8명의 참여자들에게 이 문제에 관해 토론하게 하고 그 모습을 촬영한다. 토론이 끝난 다음에는 참여자들과 함께 촬영본을 돌려 보는데, 촬영본에서 특히 주목해서 보는 부분이 경청 태도다. 상대방의 말을 듣고 인정하는가 아니면 부정하는가 등 참여자들이 적나라한 자신의 모습을 관찰하면서 자신의 현재 소통 패턴을 파악할 수 있다.

기다리지 말고 먼저 다가가라

평소에 다른 사람과 주도적으로 어울리고 소통하던 사람도 리더로 승진하고부터는 소극적으로 변하는 경우가 많다. 물론 당사자는 그런 의도가 아니었겠지만 리더가 되면 바쁘고 정신적으로 여유가 없어지기 때문에 구성원에게 먼저 다가가지 않고 구성원이 다가오기만을 기다리게 된다.

특히 임원으로 승진해 방으로 들어가 업무를 보는 리더는 구성원과 만나는 일이 더욱 어려워진다. 임원실의 문이 커다란 장벽이 되어 구성원은 필요할 때만 최소한으로 리더를 찾아오게 된다. 리더는 답답해지고 심지어 외로워지기까지 하다.

이럴 때 소통의 답답함을 해결할 수 있는 가장 쉬운 방법은 리더가 자신의 방에서 나와 구성원의 자리로 가는 것이다. 소통이 필요하다면 구성원의 자리로 가서 대화하고, 간단한 사안은 그 자리에서 토론을 펼치며 결재도 할 수 있어야 한다.

리더의 자리는 고정된 자리가 아니라고 생각하자. 구성원이 모여 있는 곳이 바로 리더의 자리라고 생각하는 게 좋다. 구성원이 모인 자리에 있는 원탁 테이블에 앉아서 가볍게 토론할 수도 있다.

구성원은 훨씬 더 부담 없이 토론에 참여할 수 있고, 더 적극적으로 창의적인 아이디어를 낼 것이다.

언젠가 리더들에게 물어보았다. "구성원과 대화하기 위해서 자신의 자리에서 기다립니까? 아니면 구성원 자리로 가서 이야기합니까?" 많은 리더가 이렇게 대답한다. "언제 구성원 자리로 가서 이야기를 합니까? 바빠 죽겠는데. 할 말 있거나 용건이 있으면 본인들이 오겠지요!"

그러나 구성원은 가능하면 리더에게 가지 않으려고 한다. 보통은 가서 좋은 소리를 들을 리가 없다고 생각하고 최대한 피하다가 할 수 없이 보고하거나, 지침을 받을 것이 있을 때만 찾아간다. 이러니 리더와 구성원 사이에 소통이 잘 될 리가 없다.

필자가 만난 리더들 가운데 구성원에게 매우 적극적으로 찾아가 이야기를 나누는 리더가 있었다. "저는 구성원이 오기를 기다리지 않고 구성원 자리로 직접 찾아간 다음 서서 대화합니다. 어떤 때는 제가 서 있고 구성원은 자리에 앉아서 대화하는 경우도 있습니다. 아주 자연스럽고 그래서인지 거리감이 없어져 자유롭게 대화가 이루어집니다. 그 자리에서 이야기하다가 자연스럽게 다 같이 밥 먹는 자리로 자리를 옮겨 일상적인 대화를 이어가기도 하고요. 그러다 보니 사무실에서 이야기하는 도중에 중간 간부가 자연스럽게 동참하고 업무 이야기를 무겁지 않게 풀어 나가는 시간도 많이 생겼습니다. 자유롭게 의견을 나누고 수평적으로 토론하는 분위기가 만들어진 것이죠."

소통은 비공식적 자리에서도 이루어진다. 예를 들어, 점심 식사 자리를 활용할 수 있다. 술을 마시지 않고 진지하게 대화할 수 있는 좋은 자리다. 점심 자리는 매번 많은 구성원과 함께하지 말고 리더 본인을 포함해 인원을 4명 정도로 한정해서 하는 것이 좋다. 그렇게 하면 시선이 분산되지 않고 구성원에게 집중하면서 경청하고 칭찬하고 질문할 수 있다. 그 자리에 참여한 구성원 역시 자기가 할 이야기를 충분히 하면서 리더에게 존중받고 배려받고 있다는 느낌을 받을 수 있다.

설마 아직도 회식이 조직의 소통 문제를 해결하는 방법이라고 생각하는 리더가 있는가? 직원들은 말한다. "술 한잔 사 주고 소통했다고 말하지 말라. 그런 자리는 소통이 아니다." 술 한잔, 그것도 리더가 원하는 곳으로 가서 리더 혼자 실컷 이야기하는 것은 소통이 아니다. 소통은 리더가 구성원의 이야기를 들어 주고 함께 대회하는 것이다.

아침에 커피 한잔 함께 마시는 자리를 만드는 것도 좋은 방법이다. 서류를 앞에 놓고 하는 대화가 아니라서 무겁지 않은 다양한 이야기를 나눌 수 있다. 업무 이야기를 하더라도 훨씬 더 가볍게 꺼낼 수 있다. 구성원 입장에서는 고충 사항이나 하고 싶은 일에 대해 쉽게 이야기할 수 있는 기회가 될 수 있다.

소통의 황금 비율 5 대 1을 기억하라

수학자인 제임스 머리James Murray 교수와 심리학자인 존 고트먼John Gottman 교수는 『결혼의 수학The Mathematics of Marriage』이라는 책에서 흥미로운 실험 결과를 소개했다. 부부의 행동을 단 15분만 관찰해도 이혼 가능성을 90% 확률로 예측할 수 있다는 것이다.

그는 이 실험에서 부부를 대상으로 둘 사이를 틀어지게 만들 수 있는 민감한 주제를 가지고 15분 동안 대화를 나누게 했다. 그 대화를 바탕으로 앞으로 행복한 결혼 생활을 할지 혹은 이혼할지를 예측했는데 실제로 90% 이상이 적중했다고 한다. 적중률이 이처럼 높았던 이유는 대화의 황금 비율인 5 대 1을 예측의 근거로 삼았기 때문이다.

성공적인 결혼 생활을 하는 부부들은 긍정적 상호작용(사랑과 애정의 표현, 칭찬, 공감, 유머 등)과 부정적 상호작용(비난, 무시, 짜증, 불평, 경멸 등)의 비율이 5 대 1 이상이다. 부부의 대화 중에 긍정적 상호작용의 비율이 5 대 1 이상일 때는 어떤 부조화가 생기더라도 문제가 긍정적인 방향으로 해소된다.

리더들은 이 비율을 명심해야 한다. 우선, 자신이 구성원과 대화할 때의 비율을 점검해 보고, 긍정적 상호작용이 부정적 상호작용의 다섯 배가 넘도록 항상 유의해야 한다.

리더는 특히 자신이 팀의 구성원에게 경멸을 뜻하는 표현을 하고 있지 않은지 점검해 보아야 한다. 경멸이란 '나는 당신의 인격을 존중하지 않는다'는 사실을 상대에게 최종적으로 폭로하는 행위이기 때문이다. 경멸은 인간관계의 파멸을 예고하는 징후다. 필자도 회사 생활을 할 때 누군가에게 경멸받는다고 생각한 순간이 있었다. 외부 전문가와 함께 회의하는 자리에서 한 상사가 필자를 심하게 공격하고 인격 모독 수준의 발언까지 했다. 그 당시 필자는 정말 수치스러웠고 당장 그 자리를 떠나고 싶었다. 얼마나 수치스러웠는지 당시에는 목구멍이 포도청이라는 말도 생각나지 않을 정도였다. 이 순간이 결국 필자가 사표를 제출하는 계기가 되었다.

어떤 경우에도 구성원이 모욕감을 느낄 수 있는, 인격이 모독받고 있다고 생각할 수 있는 표현을 사용해서는 안 된다. 이는 곧 상대방을 원수로 만드는 일과 같다. 누가 원수와 일하면서 의욕적으로 일할 수 있겠는가?

2

리더의 경청,
구성원의 마음을 연다

여기서 원초적인 질문을 해 보자. 당신은 남이 하는 말을 듣는 것을 좋아하는가? 내 말을 하기도 바빠 죽겠는데, 굳이 왜 남의 말을 열심히 들어야 할까? 대부분 인간은 듣고 싶은 욕구보다 말하고 싶은 욕구가 더 크다. 자기가 그 대화의 주인공이 되고 싶기 때문이다. 말하고 싶은 욕구를 누르고 듣는 일은 참 어렵다. 세심하게 귀 기울여 듣는 경청은 더욱더 어렵다. 사람들을 이끌어야 하는 리더들 중에서조차 경청을 잘하는 사람이 드물다. 조직을 훌륭하게 이끄는 일부 리더만이 이를 해내고 있다. 여기서는 다른 리더들이 어떻게 경청을 하고 있는지 알아보고, 올바르게 경청하는 방법에 대해 함께 알아보기로 하자.

말하지 말고 듣기만 하라

필자가 소통에 관한 강의를 진행할 때면 리더들이 얼마나 경청을 잘하는지 보기 위해 간단한 게임을 한다. 이 게임의 목적은 리더들의 경청 수준, 방법, 자세 등을 파악한 뒤 리더 스스로 경청에 대해 성찰할 수 있도록 하기 위함이다.

이 게임은 2인 1조로 진행된다. 대화 주제를 정한 다음 3분 동안 이야기를 나눈다. 이때 두 사람 가운데 한 사람은 경청하는 역할을 맡는다. 필자는 이 역할을 맡은 사람을 유심히 관찰해 유형을 파악하는데, 대략 네 가지 유형으로 나뉜다.

첫 번째 유형은 상대방의 말을 열심히 받아 적는 사람이다. 자신이 상대방의 말을 아주 잘 듣고 있다는 것을 보여 주려는 듯 쉴 새 없이 받아 적는다. 그런데 말하는 속도는 적는 속도의 7배 정도라고 한다. 그러니 아무리 빨리 적어도 다 받아 적을 수 없다. 그리고 받아 적는 동안에는 상대방의 얼굴을 보기 어렵다. 눈 맞춤이 전혀 안 된다는 뜻이다. 이 경우 대화의 전체 내용이나 맥락을 놓치기 쉽다.

두 번째 유형은 눈 감고 팔짱을 낀 채로 상대방의 말을 듣는 사람이다. 이 유형의 문제는 듣는 것이 아니라 생각하는 모습으로 보인다는 점이다. 그리고 그 모습은 마치 말하는 사람의 말이 맞는지 혹은 틀리는지 분석하는 것처럼 보인다. 좋은 경청 자세라고 볼 수 없다. 가능하다면 팔짱을 끼지 말고 눈도 뜨는 게 좋다.

세 번째로 상대방의 이야기에 질문을 덧붙여 주제를 바꾸는 사람이 있다. 누군가가 이렇게 말했다. "제가 얼마 전에 통영을 다녀왔습니다. 바다가 아름답고 생선회도 무척 맛있었습니다. 또 통영에 가면 케이블카를 안 타 볼 수 없지요. 그런데 줄이 무척 길더라고요." 이때 듣는 사람은 맞장구를 치면서 더 듣고 싶다는 표정으로 들어 주어야 한다. 그런데 갑자기 이렇게 말하는 사람이 나타난다. "그래요? 회는 삼천포가 더 맛있던데, 거기도 가 보셨나요?" 이러면 이야기의 방향이 바뀐다. 통영 케이블카 이야기가 어느새 어느 동네의 회가 더 맛있는지의 이야기로 바뀌는 것이다. 본인은 상대방이 꺼낸 대화에 참여한다고 한 행동일 수도 있겠지만 상대방은 생선회 이야기를 하고 싶은 게 아니고 통영에 관한 이야기를 하는 중이다. 따라서 이 역시 좋은 경청의 자세라고 할 수 없다.

네 번째로 상대방의 눈을 바라보면서 잘 듣는 사람이 있다. 그러다 보니 말하는 사람이 신이 나서 열심히 이야기한다. 듣는 사람이 약간의 몸동작과 감탄사를 더하면 더 좋은 대화가 된다. 이 경우에 3분이 지났다고 말하면 굉장히 아쉬워한다. 경청은 상대방이 안심하고 말하게 하는 기술이다.

경청 게임에서 주어진 3분을 채우지 못하고 대화를 끝내는 사람도 많다. 듣는 사람이 두 번째 유형일 경우, 즉 팔짱을 끼고 별다른 제스처 없이 상대방의 얼굴만 가만히 바라보고 있는 경우가 대개 그렇다. 말하는 사람이 신나지 않기 때문에 이야기가 빨리 끝나는 것이다.

경청 게임이 끝나면 필자는 듣는 사람 역할을 맡은 사람에게 다음과 같이 질문한다. "3분 동안 들은 내용을 단어 3개로 요약할 수 있을까요?", "상대방이 들려 준 이야기를 한 문장으로 요약하면 어떻게 표현할 수 있습니까?", "상대방의 의도를 한 문장으로 표현하면 어떤 문장이 될까요?" 등이다.

네 번째 유형의 경청자, 즉 상대방의 눈을 바라보면서 잘 들은 사람을 제외하면 대부분 제대로 답을 하지 못한다. 왜 그럴까? 상대방이 한 말을 제대로 듣는 경청 연습이 되어 있지 않기 때문이다. 경청을 훈련하지 않은 사람의 머릿속에는 온통 본인이 하고 싶은 말로 꽉 차 있다. 그런 사람들은 자기가 주인공이 되고 싶다는 생각을 버리지 못한다. 그러므로 남의 이야기가 들어올 틈이 없는 것이다. 그러므로 '경청'의 기본자세는 말하지 않는 것이다. 말하지 않고 듣는 것이다. 의견 개입을 자제하며 그저 들어 주는 리더에게 구성원은 더 많은 이야기를 할 수 있다.

경청의 긍정적 기능을 인식하라

리더에게 경청은 하면 좋은 일이 아니라 꼭 해야만 하는 일이다. 리더가 구성원의 이야기를 경청하느냐, 하지 않느냐에 따라 커다란 효과가 나타나거나 커다란 문제가 일어나기 때문이다.

리더가 경청하면 무엇이 좋은가? 구성원이 안전함을 느끼게 된다. 구성원이 안전함을 느끼면 무엇이 좋은가? '안전한 느낌'은 구성원이 창의적인 사람이 될 수 있도록 이끈다. 두뇌 연구학자들에 따르면 인간의 대뇌피질은 판단, 학습, 의지 등 이성적인 활동을 수행한다. 구성원이 리더가 바라는 주도적이고 창의적인 활동을 하려면 그들의 대뇌피질이 활성화되어야 한다. 그런데 바로 이 대뇌피질이 활성화되기 위해서는 무엇보다도 먼저 안전하다는 느낌이 들어야 한다는 것이다.

앞 장에서 리더는 구성원에게 업무에 대한 적절한 압력을 주는 동시에 심리적 안전감을 주어야 한다고 강조한 바 있다. 리더가 갑자기 소리를 지르거나 심한 질책을 하면 그 질책에 직면한 구성원은 자신이 안전하지 않다고 느끼고 그 리더를 피하거나, 또는 자신이 처한 상황을 빨리 모면하려고만 할 것이다. 그와 반대로 리더가 구성원의 이야기를 경청하면 구성원은 자신이 배려받는다고 생각하고 안전함을 느낀다. 조직에서 이러한 안전함이나 배려를 느낄 때 구성원은 주도적이고 창의적인 사람이 되고, 그것은 성과로 연결된다.

이것 말고도 리더의 경청은 또 다른 긍정적인 기능을 한다. 리더가 경청을 하면 구성원들이 공유가 필요한 정보를 신속하게 보고해서 일을 제때 처리할 수 있게 된다. 구성원이 제때 보고하지 않아서 일 처리가 늦어지고 결국 문제가 커지는 경험을 해 본 리더들이 있을 것이다. 리더가 무서우면 구성원은 질책을 예상하고 보고를 최대한 늦춘다. 그리고 해당 사안을 자체적으로 해결하려고 고군분투하다가 상황을 더욱 악화시키도 한다.

필자가 만난 한 리더도 이런 이유로 큰 고생을 했다. 그는 노무 업무를 담당하던 리더였는데, 구성원이 리더 모르게 어떤 문제를 수습하려고 하다가 일이 커져 그 사안이 신문에 보도가 되어 버린 것이다. 이후 상황이 어떻게 흘러갔을지는 굳이 말하지 않아도 짐작할 수 있을 것이다.

모든 정보가 리더에게 제때 들어오기를 원한다면 그럴 수 있는 안전한 환경부터 만들어야 한다. 이를 위해서는 리더의 경청이 필수다. 차분히 끝까지 들어 주고 해결책을 함께 고민하는 리더에게는 구성원이 쉽게 다가온다. 당연히 정보도 실시간으로 공유된다.

나쁜 듣기 습관은 버려라

필자가 하는 일은 리더의 이야기를 잘 듣고, 그들이 원하는 것을 알아내고, 그들이 변화하고 성장할 수 있도록 함께 고민하고 돕는 일이다. 이것이 필자의 직업이다. 그런데 이런 일을 오랫동안 하다 보니 일종의 직업병이 생겼다. 사람들이 모인 자리에 가면 버릇처럼 그들의 대화를 주의 깊게 경청하곤 한다. 그동안 많은 리더들의 이야기를 경청해오면서, 또 리더들의 경청 습관을 길러 주면서 습득한 몇 가지 경청 기법, 그리고 버려야 할 습관을 여기에 공유하고자 한다.

말 끊지 말고 끝까지 듣기

사람들의 대화를 관찰해 보면 다음과 같은 좋지 않은 유형의 듣기 습관을 발견할 수 있다.

먼저, 일방적으로 이야기를 주도하는 사람이 있다. 이 사람은 모임에서 환영받지 못하고 기피 인물인데도 본인만 이 사실을 모른다. 이 유형의 사람은 어느 주제가 나와도 다 아는 것처럼 강하게 주장한다. 이런 사람이 모임에 있으면 다른 때보다 두세 배는 더 피곤하다. 다시 만나고 싶지 않은 유형의 사람이다.

다음으로, 남의 이야기를 자주 끊는 사람이 있다. 남이 무슨 이야기를 해도 관심이 없다. 어떻게 해서든 틈을 찾아내 본인의 이야기를 이어간다. 다른 사람은 별로 관심이 없는 본인의 가족 이야기, 기르고 있는 반려동물 이야기 등을 많이 하는데 정작 건질 만한 내용은 없다.

마지막으로, 열심히 듣는 것 같은데 말하는 사람의 의중을 이해하지 못하고 엉뚱한 이야기를 하는 사람이 있다. 대화하는 사람들 사이에서 이야기의 톱니바퀴가 잘 맞지 않는 것이다. 이때 듣는 사람은 답답함을 느낄 수밖에 없다.

그런데 사람들은 왜 이렇게 경청을 제대로 하지 못할까? 첫째, 앞에서도 말했지만, 그 자리의 주인공이 되고 싶다는 욕심 때문이다. 둘째, 자신이 듣고 싶은 것만 들으려는 '귓속의 필터' 때문이다. 귓속에 필터를 가진 사람은 본인의 이야기를 하지 않고 상대방의 말을 들을 때에도 상대방이 말하는 내용 중 일부만 골라서 내가 이야기하고 싶은 것 혹은 내 생각과 연결한다. 그래서 상대방이 하는 말의 전체 맥락을 놓치고 그중에서 자신이 원하는 아주 일부분의 내용만 듣게 되거나, 더 심하면 상대방의 말을 왜곡해서 이해하게 되는 것이다.

당신은 혹시 상대방의 이야기를 듣는 중에 자신이 개입할 타이밍만 보고 있지는 않은가? 경청의 가장 중요한 요령은 사실 아주 단순하다. 상대방의 이야기를 끊지 않고 끝까지 들어 주는 것이다. 그런데 사실 그게 어렵다.

자, 그렇다면 어떻게 하면 끝까지 듣는 사람이 될 수 있을까? 방법은 있다. 대화를 시작하기 전에 '오늘은 내가 들어보자'라고 굳게 결심하는 일. 그리고 오늘은 상대방을 주인공으로 만들어 주리라고 결심하는 일. 그런 결심이 섰다면 세부적인 방법론은 의외로 쉽다. 하고 싶은 말을 참을 것. 상대방의 이야기를 무조건 들어 줄 것. 맞장구칠 것. 긍정의 몸짓을 할 것.

말만 듣지 말고 얼굴도 보기

경청을 잘하는 사람은 상대방의 말뿐만 아니라 몸짓과 표정도 잘 읽는다. 즉, 비언어적으로 나타나는 의도도 잘 파악한다. 말로 표현되는 것만 소통의 전부가 아니다. 상대방의 진정한 의도를 파악하기 위해서는 그 사람의 언어적 표현과 비언어적 표현을 종합해서 듣고 보아야 한다.

말만 듣고 얼굴을 보지 않으면 말하는 사람의 비언어적 의도를

리더 시프트

전혀 파악할 수 없다. 특히 상대방의 얼굴을 보지 않고, 심지어 그 사람의 신체 자체를 보지 않고 목소리만 듣고 상대방의 의도를 파악하려는 사람들이 있다. 이는 사실 필자가 직장 생활을 하면서 많이 본 모습이다. 구성원이 결재를 받으러 팀장 자리로 갔는데 팀장이 컴퓨터 모니터를 보면서 보고하라고 말한다. 최악의 소통 태도다. 말하는 사람과 듣는 사람 둘 모두에게 손해다. 보고하는 구성원은 의욕이 사라지고, 귀로만 듣는 리더는 내용을 제대로 이해하지 못하게 된다. 구성원의 의욕이 줄어들고 리더에 대한 존경심도 사라진다.

해석, 충고, 단정, 판단하지 않기

리더가 경청하고자 할 때 꼭 명심해야 할 사항이 있다. 한 차례의 소통은 통해 문제를 해결하려는 성급한 마음을 버리고 들어야 한다. 사실, 회사나 조직 내의 많은 대화가 매우 성급하게 이루어진다. 많은 리더가 상대방의 말을 다 듣기도 전에 해결책을 제시하려고 한다. 그런데 중요한 사실은 소통의 목적이 꼭 문제를 해결하기 위한 것만은 아니라는 점이다.

커뮤니케이션 학자 김무곤 교수는 저서 『휘둘리지 않는 힘』에서 커뮤니케이션에는 다양한 목적이 있다고 주장한다. 사람과 사람의 대화 목적이 진실(팩트)에 도달하는 것만이 아니라는 것이다. 그에 따르면 커뮤니케이션의 목적에는 설득의 측면도 있지만, 상대방과의 조화, 또는 조직 내의 조화가 목적일 경우도 있다. 이때 조화의 커뮤니케이션이란 "상대의 생각과 마음을 살펴서 그것과 자기 생각과의 균형을 맞추는 것"이다.

리더는 구성원의 말을 듣자마자 해결책을 제시하려고 하지 말고 우선, 상대방이 이 대화를 통해서 얻으려는 목적이 무엇인지 생각해 보는 게 좋다. 그 구성원이 당신에게 어떤 문제의 해결책을 원하는 것이 아닐 수 있다. 당신과 그냥 대화하고 싶은 것일 수도 있고, 자신의 존재를 알아달라는 것일 수도 있다. 그가 원하는 건 이런 마음일지도 모른다. '그런 해결책은 나도 알고 있어요. 그냥 단지 내 말을 좀 들어 줘요. 내게 필요한 것은 누군가 내 이야기를 진심으로 들어 주는 거예요.' 그런데 당신은 그의 말을 끝까지 들으려고 하지 않고 문제의 해결책만 불쑥 제시하고 있지는 않은가?

경청은 해충단판 하지 않는 듣기다. 해석, 충고, 단정, 판단하지 않아야 한다는 말이다. 많은 리더가 경청을 한다고 말하면서 스스로 자제하지 못하고 자신의 기준으로 해석하고 충고까지 한다. 더구나 상대방의 말을 자신의 기준대로 단정 짓고 결론 내리는 우를 범한다.

진정한 경청이란 상대방의 말을 해석, 단정, 판단하지 않고, 또 충고하지 않고 그저 그 말 그대로 듣는 태도다. 경청할 때에는 나의 에고를 버리고 상대방의 존재를 있는 그대로 인정하는 마음가짐이 중요하다. 구성원과의 대화를 통해 무엇을 꼭 해야 한다는 의무감을 버리자. 어깨에 잔뜩 들어가 있는 힘을 빼고 그냥 들어 보자.

앞서 설명한 해석, 충고, 단정, 판단이라는 방해 요소 외에 경청

〈경청을 방해하는 말하기 습관〉

습관	예문
상대방의 이야기에 조언하기	"내 생각에는 말이야"
한술 더 뜨기	"나는 더 한 일도 있었는데……"
가르치려 들기	"내 말대로 해. 그렇게 하면 돼"
다른 이야기 꺼내기	"갑자기 생각나서 하는 말인데"
말 끊기	"이제 그만해"
심문하기	"네가 잘못한 거지?"
설명하기	"그건 말이야……"
바로잡기	"네가 한 말 중에 이건 말이지"
무작정 위로하기	"괜찮아질 거니까 이제 그만해"

을 방해하는 또 다른 요인도 많다. 위의 표에 제시된 목록을 살펴보자.

아! 이것은 우리가 대화할 때 알게 모르게 늘 하던 말들 아닌가? 그만큼 경청은 쉽지 않다. 시간만 흐른다고 되는 일이 아니다. 다시 한번 위 목록의 요인들을 마음에 새기고 경청에 도전해 보자. 결심이 중요하다. 그다음이 연습이다.

좋은 자세로 경청하라

상대방의 말에 귀 기울이는 마음가짐도 중요하지만 듣는 자세도 중요하다. 좋은 경청 자세는 말하는 사람에게 신나게 말할 수 있는 에너지를 공급해 준다. 상대방에게 에너지를 주고 대화에 활력을 불어넣는 좋은 경청 자세를 기억해두자.

상대방을 향해 몸을 기울여 관심 보여 주기

팔짱을 끼고 몸을 뒤로 젖힌 채로 대화하면 대화 상대는 이를 이제 더는 말을 듣기 싫다는 표현으로 해석할 수 있다. 따라서 대화를 나누는 동안에는 상대방을 향해 적당히 몸을 기울여 관심을 보여 주면 상대가 더욱 대화에 집중해서 이야기할 수 있다.

눈을 맞추며 듣기

많은 사람이 가장 어려워하는 게 눈 맞춤이다. 눈 맞춤에는 요령이 필요하다. 상대방의 눈을 계속 보고 있으면 서로 어색하고 거북하다. 눈싸움할 필요는 없다. 상대방의 눈을 기준으로 시선을 조금씩 위로 이동한다. 이마 정도까지 올라가면 다시 내려와서 코 정도까지 내려온다. 이를 반복하면 자연스러운 눈 맞춤이 된다. 상대방은 당신이 충분히 자신을 보고 있는 것으로 생각한다.

몸짓과 추임새 더하기

끄덕끄덕 고갯짓으로 반응을 보여 주고 손짓, 팔 동작 등 적절한 제스처를 사용하면 대화의 맛을 더할 수 있다. 감탄사 같은 추임새를 넣는 것도 좋다. 대화의 맛이 더해진다는 말은 대화할 맛이 난다는 이야기다. 대화할 맛이 나는 리더와 이야기하는 구성원은 자기도 모르게 창의적인 아이디어를 제시할 수도 있고, 대화 와중에 그동안 못했던 생각들을 해낼 수도 있다.

사실 이 중에 어려운 자세나 동작은 하나도 없다. 약간의 성의만 보여도 상대방은 신나게 말을 할 수 있다. 반대 경우를 상상해 보라. 내가 말하고 있는데 상대방이 다른 곳을 쳐다보거나 핸드폰을 보고 있으면 말하고 싶은 기분이 나겠는가? 또 열심히 말하고 있는데 아무런 반응도 보여 주지 않으면 마음이 어떻겠는가?

다시 한번 강조하겠다. 말하는 사람에게 관심을 나타내기. 몸짓으로 반응하면서 상대방의 눈을 보기. 감탄사 등으로 추임새를 넣어 주기. 이 모든 것이 다 내가 당신의 말을 잘 듣고 있으며 당신을 존중하고 있다는 표현이다. 이 듣기 자세를 가진다면 당신은 최고의 경청자가 될 수 있다.

진짜 원하는 게 뭔지 들어라

경청을 방해하는 요소들을 제거하고, 경청법을 제대로 몸에 익히다 보면 조직과 리더에게 긍정적인 변화가 생긴다. 궁극적으로는 구성원이 진짜 원하는 바를 들을 수 있게 된다. 지금부터는 구성원이 진짜 원하는 게 무엇인지를 들을 수 있으려면 리더가 어떻게 행동해야 하는지 그 구체적인 방안을 알아보자.

구성원에게 말할 기회 주기

많은 영화에서 악역으로 인상적인 장면을 남긴 배우 김의성이 TV 프로그램에 게스트로 등장했다. 그때 함께 나온 후배들이 그에 대해 이렇게 이야기했다. "후배들이 좋아하고 함께하고 싶어 하는 선배입니다. 후배들이 말을 하면 부정하지 않고 인정하고 칭찬하면서 끝까지 들어 주기 때문이죠."

상상해 보자. 선배와 후배가 함께 앉아 있다. 후배가 어떤 이야기를 할 때 끝까지 들어 주는 선배가 과연 얼마나 될까. 경험도 많고 아는 것도 많고 해 주고 싶은 이야기도 많을 텐데 말이다. 사실 선배라고 불리는 사람들 가운데 대부분은 설교, 훈계, 충고를 한다. 후배가 좋아하든 말든 본인 하고 싶은 말만 늘어놓는 경우도 많다. 심지어 후배에게 말할 기회도 주지 않는 사람도 있다. 이런 선배를 후배들이 따를 리 없다. 꼭 기업이나 큰 조직의 리더에게만 해당되는 말이 아니다. 나이 들어서 독불장군이 되어 혼자 쓸쓸하게 지내지 않으려면 다른 사람의 말을 잘 들어 주는 법을 배워야 한다.

리더만 말을 하고 싶은 게 아니다. 구성원도 하고 싶은 말이 많다. 리더가 말을 독점하면 말할 기회를 빼앗긴 사람들은 숨이 막힌다. 당신의 구성원에게도 말할 기회를 주자. 그리고 거기에 더해 구성원의 말을 인정하고 칭찬한다면 구성원들은 저절로 당신을 따르며 '진짜' 이야기를 하게 될 것이다.

끝까지 참고 듣기

매우 에너지 넘치고 자신감이 넘치는 한 리더를 만났다. "저는 어려서부터 잔소리 듣는 걸 무척 싫어했어요. 지금도 직원들이 말을 많이 하는 걸 못 참아요. 감정 기복이 있어서 감정적으로 과하게 질책할 때가 많이 있죠."

이 리더에게 경청에 관한 과제를 주었다. 그는 중간 간부 한 사람을 대상으로 경청하려고 노력해 보기로 했다. 2주 뒤에 만난 그에게 결과를 물었다. "제가 경청하려고 노력한 사람은 파트장이었는데, 그는 말이 무척 많은 사람입니다. 지금까지 여러 번 그 부분을 질책하면서 짧게 결론만 이야기하라고 말해도 전혀 고쳐지지 않았죠. 이번에는 경청을 목표로 했기 때문에 그의 말을 끊지 않고 끝까지 들은 다음 피드백을 주었습니다. 이렇게 제가 그의 말을 경청하려는 노력을 계속해서 보여 주니까 파트장 역시 제 의도를 눈치채더라고요. 이제는 이야기를 시작할 때 '짧게 말씀드리겠습니다'라고 말하더군요."

이 리더는 이 과제를 통해 경청의 엄청난 효과를 느꼈다고 덧붙였다. 경청이 상대방의 자존감을 살려 주고, 결국 상대방 스스로 변화하려는 노력까지 하게 만든 것이다. 그는 놀라워했다. 상대방을 질책했을 때는 아무런 효과도 없었는데 조금 참고 경청했더니 엄청난 효과가 나타났다고.

상대방이 진정 원하는 바가 뭘까 생각해 보기

고등학교를 졸업한 후에 바로 일을 시작하고 동생들 학비까지 대 주면서 자수성가한 중소기업 사장님을 만나서 치열하게 살아온 그의 인생 이야기를 들은 적이 있다. 긴 이야기가 마무리될 때쯤 필자가 물었다. "그렇게 열심히 살아온 사장님에게 스스로 어떤 선물을 주고 싶으세요?" 한참을 생각하던 사장님은 이게 대답했다. "저 혼자 세계 여행을 하고 싶습니다."

이럴 때 잘 들어야 한다. 말로 표현된 표면적인 이야기를 넘어서 그 말의 이면에 숨겨진 이야기를 들어야 한다. 필자는 다시 물었다. "저한테는 그 말이 혼자만의 시간이 필요하다는 뜻으로 들리네요. 고등학교 졸업 이후로 너무나 많은 것을 이루느라 혼자만의 시간이 전혀 없으셨죠?"

그러자 그는 세계 여행이 중요한 게 아니라 혼자만의 시간을 갖고 싶었다고 인정했다. 해외여행을 하고 싶다는 생각 속에는 혼자만의 시간을 갖고 싶다는 강렬한 욕구가 자리 잡고 있던 것이다.

리더는 대화를 나눌 때 상대방의 말을 표면적으로만 들어서는 안 된다. 밖으로 나온 말이 100% 다 진심이 아닐 수 있다는 점도 고려해야 한다. 상대방의 입장에서 이 사람이 원하는 게 무엇일까를 생각해 보아야 한다. 물론, 이런 수준의 경청을 하기는 쉽지 않다. 훈련된 코치에게도 쉬운 일은 아니다. 그러나 상대방을 진심으로 아끼고 그 사람의 진정한 의도, 선한 의도를 듣겠다는 의지를 가지고 경청하면 가능하다.

시간의 덫에 빠지지 말기

"서진이가(배우 이서진) 메뉴를 추가하자고 했어요. 젊은 사람들이 센스가 있으니까 들어야죠. 우리는 낡았고 매너리즘에 빠졌고 편견을 가지고 있잖아요. 살아온 경험 때문에 많이 오염됐어요. 이 나이에 편견이 없다면 거짓말이죠. 그런데 어른들이 젊은이들에게 '니들이 뭘 알아?'라고 하면 안 되죠. 난 남북통일도 중요하지만 '세대 간 소통'이 더 시급하다고 생각해요."

「윤식당」이라는 TV 프로그램에서 사장 역할을 맡은 배우 윤여정의 말이다. 나는 그의 말을 듣고 '아, 이 말은 리더가 반드시 배워야 할 자세구나'라고 생각했다. 많은 사람이 자신이 살아온 경험을 근거 삼아 남의 말을 듣지 않고 자신의 의견만 고집한다. 이런 사람들은 시간의 덫에 걸린 것이다. 앞에서 언급한 김무곤 교수는 저서 『휘둘리지 않는 힘』에서 셰익스피어의 희곡 『리어왕』에 나오는 리어왕의 아집을 분석하면서 다음과 같이 말한다. "사람은 누구나 시간의 덫에 빠지기 쉬우며, 그것은 자기가 살아온 시간 속에서 스스로 겪은 경험의 틀 속에서만 생각하고 판단하는 버릇이 있기 때문이다".

그러나 나이를 많이 먹었다고 모두가 다 리어왕처럼 시간의 덫에 걸리는 것은 아니다. 자신이 오래 살았기 때문에, 그리고 많이 경험했기 때문에 지나간 세월의 덫에 빠지기 쉽다고 스스로 경계하는 사람도 있다. 그런 사람들은 더더욱 젊은 사람들, 새로운 세대의 이야기를 잘 듣고 받아들인다. 자신이 살아온 시간의 덫에서 벗어나 타인의 생각과 경험을 열린 자세로 받아들이기. 쉽지 않은 일이지만 리더라면 꼭 도전해야 할 일이다. 리더가 시간의 덫에서 벗어나야 구성원들이 자기 생각과 아이디어를 터놓고 말할 수 있게 된다. 그래야 리더도, 구성원도, 조직도 진화하고 성장한다.

3
..
리더의 질문,
구성원의 생각을 확장시킨다

    필자가 소통에 관한 강의를 할 때 자주 하는 아주 재미있는 게임이 있다. 이름하여 '동문서문東問西問' 게임이다. 한 사람이 질문을 하면 상대방은 엉뚱한 질문으로 대응해야 하는 게임이다. 질문에 답을 하면 진다. 생각하느라 답을 하지 않아도 진다. 게임을 지지 않고 이어 나가는 유일한 방법은 상대방이 질문할 때 나 역시 엉뚱한 내용으로 질문하는 것이다.

    예를 들면, 상대방이 "야구 좋아하세요?"라고 질문했을 때 나는 "내일 저녁에 누구 만나세요?"라고 질문하면 된다. 보통 이 게임은 매우 짧은 시간 안에 끝난다. 생각보다 어렵기 때문이다. 게임에 참여한 사람들 대부분이 어렵다고 혀를 내두른다.

    게임에 참여한 사람들에게 이 게임이 왜 어려웠는지 물어보면 대부분의 참여자가 질문에 바른 대답을 하고 싶기 때문이라고 대답한다. 질문을 받은 사람은 맞는 대답을 찾기 위해 생각한다. 이것이 질문이 가진 힘이다. 리더는 이 힘을 잘 활용해야 한다. 구성원에게 바로 답을 주는 대신에 질문을 통해 그들이 직접 답을 찾을 수 있도록 만드는 게 여러모로 좋다.

사람은 문제에 대한 답 또는 해결책을 스스로 찾으면 해당 문제를 해결하고자 하는 실행 의욕이 높아진다. 지시를 받은 것이 아니라 직접 생각하고 찾아냈기 때문에 실행 의욕이 높아지는 것은 어쩌면 당연한 일이다. 질문은 질문받은 사람을 생각하게 만드는 힘이 있다. 그리고 그것을 넘어 주인의식까지 만든다. 질문을 받고 성찰한 사람은 스스로 움직일 수 있게 되기 때문이다.

질문의 7가지 힘을 인식하라

질문은 힘이 세다. 미국의 커뮤니케이션 컨설턴트 도로시 리즈 Dorothy Leeds는 자신의 책 『질문의 7가지의 힘The 7 Powers Of Questions』에서 '질문이라는 행위에서 찾은 7가지 힘'을 소개했다. 그의 주장을 필자의 관점에서 재해석하여 여기 소개한다.

첫째, 질문을 하면 답이 나온다. 리더는 성과를 내기 위해서 하루에도 수십 번씩 답을 찾아야 한다. 상황에 맞는 적절한 질문은 리더가 바른 답을 찾을 수 있도록 돕는다. IBM 설립자 토머스 왓슨

Thomas Watson은 "답을 구하기 위해 적절한 질문을 할 능력이 있다면, 절반 이상은 이기고 시작하는 셈이다"라고 말했다.

둘째, 질문은 생각을 자극한다. 리더의 좋은 질문은 구성원의 생각을 확장한다. 좋은 질문은 생각의 연쇄를 일으키는 질문이다. '왜 이런 질문을 했을까?', '더 나은 답을 찾으려면 어떻게 해야 할까?' 그러면서 질문받은 사람의 생각은 더욱 자극받는다. 이어서 '내가 무엇을 바꾸면 더 나은 대답을 할 수 있을까?'와 같이 질문이 진화한다.

셋째, 질문은 정보를 가져다 준다. 오랫동안 꿈꿔온 이집트 여행을 앞두고 있다. 그런데 이집트에 대해 아는 바가 전혀 없다. 이때 필요한 것이 질문이다. '무엇을 알고 싶은가?', '언제까지 무엇을 공부할 것인가?' 등을 스스로에게 질문해 볼 수 있다. 질문은 정보를 얻는 가장 기본적인 수단이다. 좋은 정보를 얻으려면 좋은 질문을 해야 한다.

넷째, 질문을 하면 통제가 된다. 질문에는 사람을 논리적이고 이성적으로 만드는 힘이 있다. 예를 들어 다른 사람에게 화가 나는 상황에서 화를 내기 전에 '지금 화를 내면 내가 원하는 바를 이룰 수 있을까?'를 스스로에게 물어보면 더욱 현명하게 자신의 의사와 감정을 표현할 수 있다.

다섯째, 질문은 마음을 열게 한다. 처음 만난 사람과 30분 동안 대화를 해야 한다고 하자. 어떻게 대화를 이끌어갈 수 있을까. 다짜고짜 나의 관심사를 이야기하면 대화의 목적을 달성하기 어렵다. 이럴 때는 상대방에 초점을 맞춰 상대방이 말하고 싶어하는 사항에 대한 질문을 던지면 좋다. 예를 들어 그 사람이 다니는 회사의 주력 제품은 무엇이고 강점은 무엇인지, 요즘 영업 환경은 어떤지 등을 묻는 것이다. 적절한 질문은 일방적인 말하기보다 상대방의 마음을 여는 데 효과적이다.

여섯째, 질문은 귀를 기울이게 만든다. 질문을 받으면 그 질문에 대한 대답을 생각하면서 동시에 질문한 사람의 의도나 그 사람이 어떤 대답을 원하는지 파악하기 위해 자연스레 애쓰게 된다. 상당한 에너지를 써서 질문하는 사람의 말에 귀를 기울이게 된다. 필자는 이와 같은 질문의 힘을 활용해 강의할 때 나의 주장을 줄이고 질문을 좀 더 많이 하려고 노력한다. 그렇게 할 때 학습자들의 집중도가 훨씬 높아지는 것을 알기 때문이다.

일곱째, 질문은 스스로를 설득하게 만든다. 사람들은 대체로 잔소리 듣는 일과 강요받는 일을 싫어한다. 잔소리하지 않고, 강요하지 않고 상대방을 성공적으로 설득하려면 어떻게 해야 할까? 잔소리, 참견, 강요로 인식되지 않으려면 질문을 적절하게 사용하는 것이 좋다. 질문을 받은 사람은 답을 찾으려고 하고, 이 과정에서 스스로 질문을 던지며 스스로 설득할 수 있다. 이 경우 남이 참견하거나 잔소리해서가 아니라 스스로 답을 찾았으므로 기분이 상할 가능성이 적어진다.

질문은 이처럼 아주 큰 힘을 가지고 있다. 이 힘을 제대로 활용한다면 당신이 걷는 리더의 길에서 커다란 도움이 될 것이다.

질문의 장애물을 뛰어넘어라

질문이 큰 힘을 갖고 있다는 사실을 인식하게 되더라도 막상 좋은 질문을 하기는 말처럼 쉽지 않다. 왜 그럴까? 질문하는 일을 어렵게 만드는 장애물이 있기 때문이다. 그 장애물은 대략 다음의 세 가지로 정리할 수 있다.

첫째, 우리가 질문하고 질문받는 것에 익숙하지 않기 때문이다. 학창 시절에 질문을 장려받은 기억이 있는 독자는 아마 많지 않을 것이다. 오히려 이상한 질문을 한다고 눈총받거나 비아냥을 받은 기억이 있을 수도 있다. 그러다 보니 우리는 질문하지 않으면 중간이라도 간다고 생각하고 질문을 하지 않게 되었다. 괜히 질문한다고 나섰다가 이상한 사람으로 취급되는 위험이 없게 말이다.

둘째, 좋은 질문을 해야 한다는 압박감 때문이다. 한국 사회에서는 멋있는 질문을 해야 한다는 생각 때문에 질문 자체를 자기 검열하는 경우가 많다. 머릿속에서 어떻게 해야 멋있는 질문을 할 수 있을까 하고 생각하다 보면 이내 질문할 기회는 사라지고 만다.

셋째, 윗사람의 의견과 반대되는 질문을 하면 도전으로 받아들이는 한국 사회 특유의 관습이 남아 있기 때문이다. 특히 대학원 석사 과정이나 박사 과정에서 교수에게 질문을 하는 학생 수가 매우 적다는 이야기를 들었다. 대학원생 입장에서 교수와 다른 의견을 내거나 그런 쪽으로 질문하는 일 자체가 어렵다는 것이다.

한번은 미국인 유학생과 중국인 유학생에게 그들 나라에 이런 문화가 있는지 물어보았다. 그들의 대답은 놀라웠다. "질문을 하지 않거나 이견을 제시하지 않으면 지도 교수가 강하게 말합니다. '여러분이 나와 같은 생각이거나 내 생각과 같은 방향으로 논문을 쓸 것 같으면 이 시간을 함께할 필요가 없다. 그냥 내 책 읽고 정리하면 된다'고 말이죠."

우리는 오랜 세월 동안 위계적인 문화에 익숙해진 탓인지 구성원이 리더에게 질문하는 것도 어렵고, 리더가 구성원들에게 질문하도록 유도하는 일도 쉽지 않다. 이 장애물을 뛰어넘어야 한다. 그러기 위해서는 자신과 조직의 내부에 온존하는 '질문을 가로막는 문화적 장애물'을 자각하는 일부터 시작하는 게 좋다.

질문이 가능한 조직을 만들어라

그렇다면 질문을 어렵게 만드는 장애물을 뛰어넘어, 질문이 가능한 문화를 만들기 위해서는 어떻게 해야 할까?

먼저, 리더 자신이 질문을 많이 할 것. 리더가 솔선수범을 보이면 구성원은 자연스럽게 따라온다. 질문을 많이 함으로써 구성원이 질문의 힘을 느낄 수 있도록 만들자.

다음으로, 구성원이 질문을 많이 하는 조직 문화를 만들 것. 리더에게 위축되지 않고 질문을 던지는 문화, 구성원들이 서로 질문을 주고받는 문화가 조성될 수 있는 환경을 만들어야 한다.

이러한 방법을 잘 실천한 리더의 사례가 있다. 이 리더는 필자와 가진 리더십 코칭 자리에서 구성원들과 적극적으로 소통하는 '소통을 잘하는 리더'를 꿈꾼다고 말했다. 그가 조금 더 구체적으로 그 목표에 다가갈 수 있게 우선 '질문을 잘하는 리더'로 스스로를 포지셔닝하고, 구성원이 여러 의견을 낼 수 있게 하는 질문해 보도록 코칭했다.

코칭이 계속되면서 그는 자신의 의견을 억제하고 구성원에게 질문을 많이 하려고 노력했다. '왜 그렇게 생각하는가?', '다른 방법은 없는가?', '그것은 누구 아이디어인가?', '그 사람은 왜 그렇게 생각했는가?' 등 많은 질문을 했다.

이 리더는 구성원의 반응에 대해 이렇게 말했다. "제 이야기를 억제하고 질문을 많이 했더니 구성원이 신나게 이야기하더라고요." 심지어 그는 이렇게 덧붙였다. "질문하고 듣다 보니 구성원들이 의외로 연구를 많이 하고 준비를 많이 한다는 사실을 알 수 있었습니다. 과거에는 제가 물어보지 않아서 그들이 이야기할 기회가 없었던 것이죠."

그는 자신이 구성원들에게 질문을 많이 하자, 구성원들 간에도 질문이 활발해졌다고 이야기했다. 질문을 어렵게 만들지 않는 조직 문화가 조직의 소통을 도운 것이다.

혹시 구성원이 당신에게 의견을 잘 말하지 않는가? 그래서 구성원을 답답해하고 한심하게 생각하고 있지는 않은가? 그렇다면 스스로에게 먼저 질문해 보자. '나는 질문을 잘하는 리더인가?', '혹시

내가 구성원의 대답을 끌어낼 만큼 제대로 질문하지 못하고 있는 건 아닌가?'

리더는 구성원에게 끊임없이 질문해야 한다. 당신의 질문은 구성원과 소통하는 출발점이다. 당신의 좋은 질문은 구성원의 생각을 확장한다. 먼저 호기심을 갖고 질문거리를 찾아보자. 그리고 가볍게 질문을 툭 던져 보자. 호기심은 '새롭고 신기한 것을 좋아하거나 모르는 것을 알고 싶어 하는 마음'이다. 호기심이 있어야 알고 싶은 게 생긴다. 궁금한 게 생기면 그 상황에 맞는 질문을 던지면 된다. 어깨에 힘을 빼고 과감하게 질문을 던지자.

성과를 이끌어내는 질문을 하라

리더가 어떤 질문을 하느냐에 따라 조직의 성과가 달라진다. 다음 표에 나오는 '원인 탐색적인 질문'과 '바람직한 모습에 초점을 둔 질문'들을 살펴보며 이에 대해 자세히 알아보자.

이 표의 왼쪽 부분에 나열한 '원인 탐색적 질문'을 받았을 때 질문을 받은 사람은 추궁당한다고 느낄 수 있다. 이런 질문을 받은 사람은 자책할 가능성이 크고, 해결책을 만들기 위한 에너지를 얻기 힘들다. 반면, '바람직한 모습에 초점을 둔 질문'을 받으면 원인에 함몰되지 않고 미래의 해결책을 생각할 수 있다. 이 유형의 질문을 받은 사람은 책임 소재를 규명하기보다는 이미 자신이 가지

〈원인 탐색적인 질문과 바람직한 모습에 초점을 둔 질문〉

원인 탐색적인 질문	바람직한 모습에 초점을 둔 질문
무엇이 잘못되었던 걸까요?	그 문제가 바람직하게 해결된 상태는 어떤 모습인가요?
왜 이런 문제가 생겼을까요?	그것이 해결되었을 때 어떤 기분일까요?
얼마 동안 이 문제에 시달렸나요?	그것이 이루어졌을 때 내가 얻게 되는 혜택은 무엇인가요?
그 문제가 계속될 때 자신이 어떻게 느껴지세요?	그것이 이루어지면 당신이 가장 좋아하는 사람은 뭐라고 할까요?
지금의 문제가 결국 누구(무엇) 때문이라고 생각하세요?	그것을 이루기 위해 당신이 가지고 있는 자원은 무엇인가요?
현재의 삶에 이 문제가 어떤 방해를 하고 있나요?	그 자원을 어떻게 최대로 활용할 수 있을까요?
	그것을 이루기 위해 당장 무엇부터 시작할 수 있나요?

_ 현미숙, 『AAA 코칭』

고 있는 자원을 충분히 활용하면서 필요한 해결책을 만들어 내는 일에 몰두할 것이다. 물론 실제 상황에서 항상 오른쪽의 '바람직한 모습에 초점을 둔 질문'만 하기는 어렵다. 경우에 따라 왼쪽의 '원인 탐색적 질문'이 필요할 때가 있다. 다만 리더들은 본인이 습관적으로 원인 탐색적 질문을 자주 사용하고 있지는 않은지 경계해야

〈심판자의 질문과 학습자의 질문〉

심판자의 질문	학습자의 질문
뭐가 잘못되었지?	제대로 돌아가는 것은 뭘까?
누구 탓이지?	내가 책임질 것은 무엇일까?
내가 옳다는 걸 어떻게 입증할 수 있을까?	사실은 무엇일까?
어떻게 나의 세력권을 보호할 수 있을까?	큰 그림은 무엇일까?
어떻게 통제할 수 있을까?	어떤 선택을 할까?
내가 질 수도 있겠지?	이 일에서 유익한 것은 무엇일까?
내가 상처받을 수도 있겠지?	내가 배운 점은 무엇일까?
그들은 왜 그렇게 어리석고 실망스러울까?	다른 사람들이 생각하고 느끼고 필요로 하고 원하는 것은 무엇일까?
왜 날 괴롭히지?	어떤 일이 가능할까?

_ 현미숙, 『AAA 코칭』

한다는 점을 강조하고자 한다.

또 다른 표를 보자. 위의 표는 리더가 스스로에게 던지는 질문을 '심판자의 질문'과 '학습자의 질문'으로 나누어 놓은 표이다. 많은 사람들이 이 두 유형 중에서 심판자의 질문에 빠진다. 왜냐면 심판자의 질문들은 질문자에게 문제의 원인을 다른 사람의 탓으로 돌

리더 시프트

릴 핑계를 마련해 줄 뿐만 아니라, 다른 사람을 비난하기 쉽게 만들어 주기 때문이다. 따라서 당신이 진정한 리더가 되고자 한다면 지금부터 학습자의 질문을 하도록 노력해야 한다. 학습자의 질문은 자신을 성찰하고 사실을 냉정하게 파악하면서 큰 그림을 보고 가능한 일을 찾는 질문이기 때문이다. 리더가 스스로에게 학습자의 질문을 하면 자신과 조직에게 닥친 문제를 신속하고 원만하게 해결할 수 있다. 그러면 조직이 제대로 돌아간다.

열린 질문을 하라

"코치님, 질문하려고 노력하는데 돌아오는 대답이 너무 짧아요. '네' 아니면 '아니오'로만 답을 하니까 대화가 이어지지 않습니다. 어떤 이야기라도 해야 경청도 할 텐데 말이죠. 이렇게 대답을 하니 경청할 것도 없고 추가로 질문도 할 수 없다니까요. 도대체 왜 그럴까요?"

필자가 리더를 만나서 질문 방법에 관한 대화를 나눌 때면 이런 말이 자주 나온다. 사실은 당신의 질문을 받은 구성원도 대답을 길게 하고 싶다. 그런데 애초에 잘못된 질문에는 짧게 대답할 수밖에 없다. 리더가 '예' 또는 '아니오'로는 대답할 수 없는 열린 질문을 해야 구성원이 길게 답변할 수 있다. 리더가 '예' 또는 '아니오'로 대답할 수밖에 없는 닫힌 질문을 하니까 '예' 또는 '아니오'로 짧게 답변하게 된다.

예를 들어 보자. "김 대리, 지난번에 내가 물어본 거 했습니까?" 당신이라면 뭐라고 대답하겠는가. 아마도 '아직 못했습니다'라고 답하지 않을까. 이미 했으면 벌써 보고했을 테니 말이다. 이런 질문이야말로 전형적인 닫힌 질문이다. 닫힌 질문에는 닫힌 대답이 나오므로 세부적인 내용을 파악하기가 어렵다. 그래서 세부 내용을 파악하기 위해 더 많은 질문이 필요해진다. 많은 질문과 짧은 대답이 오가는 사이에 리더는 답답해서 속이 터지고 구성원의 마음은 쪼그라든다.

다음에는 이렇게 질문해 보면 어떨까. "김 대리, 지난번에 내가 물어본 거 어떻게 진행되고 있나요?" 아무리 무뚝뚝한 사람이라도 이런 질문에 짧게 대답할 수는 없을 것이다. 질문을 받은 당사자는 상세하게 경과를 말할 것이고 비로소 대화다운 대화가 시작된다. 이런 질문이 바로 열린 질문이다.

"박 과장, 요즘 불만 있어요?" 이렇게 질문하면 뭐라고 대답할까? 너무 뻔하다. 그러면 "박 과장, 요즘 얼굴이 안 좋아 보이는데 나한테 할 말 있지요? 무엇인가요?" 이렇게 질문해 보자. 구성원들 맘속에 있는 이야기가 나올 수밖에 없다.

상황에 맞는 질문을 하라

질문의 필요성을 알고 있는 리더들도 정작 질문을 어떻게 해야 할지 모르겠다고 호소하고, 막상 질문하라고 하면 무척 어려워한다. 그렇다. 질문은 마음가짐만으로는 잘 안된다. 철저한 준비와 실전 연습이 필요하다. 무엇보다 처음부터 잘하겠다는 생각을 버리자. 차근차근 하나씩 질문해 보고 서서히 조금씩 질문을 늘려 갈 때 비로소 당신의 '질문력'이 발전한다.

미팅, 회의, 면담에서 좋은 질문을 하기 위해서는 사전에 철저한 준비가 필요하다. 먼저 그 모임이 어떤 목적의 자리인지 확실하게 파악할 것. 그리고 그 자리 전체상을 디자인하면서 그 자리의 상황에 맞을 것 같은 질문 리스트를 작성해서 실행하는 게 좋다.

물론 준비한 질문을 미처 써먹지 못할 수도 있다. 그러나 다가올 상황을 예상하면서 질문을 준비하는 일 자체가 좋은 실습이 될 것이다. 이런 과정을 통해 당신의 질문력이 계속 발전할 것으로 확신한다.

상대방과 대화 중에 질문할 때는 상대방의 이야기를 잘 듣고 상대방이 하는 말의 내용에 부합하는 질문을 해야 한다. 자기의 상황에 딱 맞으면서도 스스로가 미처 생각하지 못한 것에 대해 질문을 받게 되면 어 하고 스스로 충격을 받게 된다. '나는 왜 이런 생각을 하지 못했지'하는 생각을 하게 되는 것이다. 이런 충격을 받게 되면, 이 질문에 대한 답을 찾게 되고 그 과정에서 스스로 성찰하게 된다. 이때 질문을 받은 사람은 생각의 폭이 넓어지고 평소에 못 보던 것을 볼 수 있다.

언젠가 자신의 상사에게 많은 불만을 가지고 있었던 한 팀장을 만난 적이 있다. 그는 상사가 "너무 간섭이 심하다, 세세하게 챙긴다", "본부장의 별명이 김 주임이다"와 같이 많은 불만을 필자에게 토로했다. 필자는 일단 이 팀장이 겪고 있는 어려움에 공감한 다음 전혀 다른 질문을 했다. "그분의 장점은 무엇인가요?"

잠깐 의아해하던 그는 주춤하더니 한참을 생각했다(이럴 때 방해하면 안 된다. 충분히 생각할 시간을 주어야 한다). "한 번도 생각해 보지 않았습니다. 지금까지 그냥 미워하고 같이 일하고 싶지 않다고만 생각했었는데, 코치님의 질문을 받고 생각해 보니 본부장님에게도 장점이 몇 가지 있네요. '경험이 많다', '일단 본부장이 결재하면 그다음에는 일사천리로 통과한다' 등의 장점이 있네요."

필자는 본부장의 장점을 발견하고 그 장점을 평가한 팀장을 칭찬했고, 이어서 그가 본부장과의 관계를 개선할 수 있겠는지 물어보았다. "지금까지와는 좀 다른 방법으로 일할 수도 있을 것 같습니다. 지금 그분의 장점을 떠올려 보니 그 장점들을 잘 활용한다면 그분과 함께 일하면서 좋은 결과를 만들어 낼 수도 있겠다는 생각이 드네요."

필자가 그에게 한 질문은 결코 대단한 질문이 아니다. 아주 흔한 질문이다. 다만 상황과 잘 맞았기에 강력한 질문이 된 것뿐이다.

리더 시프트

정답이 없는 질문을 하라

좋은 질문은 정답이 없는 질문이다. 여러 가지 해답을 다양하게 만들어 낼 수 있는 질문이 좋은 질문이라고 생각한다. 왜냐면 정답이 없는 질문을 받으면 정답을 말해야 한다는 압박감이 사라지고, 다양하고 창의적인 생각이 가능해지기 때문이다.

이런 좋은 질문을 하면 질문을 받은 사람이 질문을 던진 사람의 시선을 회피하고 어색한 침묵에 빠지는 일 없이 함께 의견을 내면서 활발한 분위기를 연출할 수 있다. 이때 서로가 생각한 답이 달라서 '저렇게 생각할 수도 있구나!' 하고 놀랄수록 좋다. 좋은 질문이란 질문을 받은 사람을 생각하게 만들 뿐 아니라 다른 사람과의 차이를 발견하게 하고, 나아가 그 차이를 수용할 수 있게 만든다.

또, 좋은 질문은 쉽게 주답을 할 수 있는 질문도 아니다. 쉬운 질문을 하라는 말이 아니다. 필자는 좋은 질문 대신 '강력한 질문'이라는 용어를 사용하기도 한다. 강력한 질문은 질문받은 사람의 마음을 흔드는 질문이다. 독자들도 경험이 있을 것이다. 짧은 질문 하나를 받았는데 갑자기 머리를 망치로 얻어맞은 것처럼 충격을 받았던 경험이나 며칠을 두고두고 생각했던 경험 말이다. 이런 질문이야말로 강력한 질문이다.

리더가 질문할 때는 구성원에게 여러 가지 답이 있고 다양한 접근이 가능하다는 사실을 주지시키는 것이 좋다. 그런 답을 유도하는 질문이야말로 강력한 질문이다.

질책하지 말고 질문하라

필자가 만난 김 대리는 함께 일하는 동료들에 대해 항상 불만이 많았다. 동료들이 별로 능력이 없으면서 일도 열심히 하지 않는다는 것이다. 그는 여느 때와 마찬가지로 팀장과 함께한 자리에서 동료들에 대해 불평불만을 늘어놓았다. 한참을 가만히 듣던 팀장이 말했다. "김 대리, 당신이 정말 열심히 일한 거 알아. 그 점은 나도 인정해. 그런데 김 대리 주변 사람들 중에 과연 김 대리 마음에 드는 사람이 있기는 한가?"

이런 질문을 받은 김 대리는 처음에는 당황하고 인정할 수 없었다. 왜 팀장은 나의 진심을 알아주지 않는지 반감도 들었다. 그러나 팀장의 질문에 대한 답을 계속해서 생각해 보니 다음과 같은 결론을 내릴 수 있었다. '아하, 내가 동료들이 장점을 찾는 노력은 하지 않고, 그들의 단점만 보고 험담하는 말만 하고 있었구나!'

김 대리는 처음에는 팀장의 말을 질책으로 생각했다. 그러나 곰곰이 생각해 보고 나서 질책이 아니라 스스로 돌아보게 하는 질문임을 알게 되었다. 사실, 리더의 눈에는 항상 구성원의 잘못이 보인다. 그래서 잘못을 지적하고 바로잡아 주고 싶은 마음이 든다. 그런데 잘못을 지적하고 질책했을 때 구성원이 바로 수긍하고 개선하려는 모습을 보이던가? 물론 간혹 그런 구성원도 있지만, 보통은 잔소리로 듣고 개선하려는 모습을 보이지 않는다.

이 지점에서 리더는 전략적인 의사 결정을 해야 한다. 효과가 없는데 계속 지적과 질책을 해야 할까, 아니면 과감하게 질문을 던져 더 큰 효과를 기대하는 것이 좋을까. 리더의 입장에서는 지적과 질책이 효과가 있다고 생각할 수도 있겠지만 듣는 입장에서는 전혀 그렇지 않을 수도 있다는 사실을 알아야 한다. 자. 여기서 스스로에게 물어보자. 나를 긍정적으로 변화시킨 힘이 누군가의 지적과 질책이었는가, 아니면 나에게 충격을 주고 오랫동안 스스로를 성찰하게 한 질문이었는가.

단정적인 표현 대신 질문을 사용하라

누군가 대화 중에 "당신을 믿을 수 없습니다" 하고 말한다면 어떤 마음이 들까? 아마도 대화를 이어가고 싶은 마음이 사라질 것이다. 더는 그 사람을 만나고 싶지 않아질 수도 있다. 이처럼 지나치게 단정적인 말은 관계를 해친다. 상대방과의 관계를 개선하는 데 전혀 도움이 되지 않고, 오히려 상대방에게 다시는 회복할 수 없는 치명적인 상처를 줄 수도 있다.

상대방이 신뢰를 해치는 말과 행동을 했을 때, 이에 대해 단정적으로 표현하는 대신에 이렇게 질문해 보면 어떨까? "어떻게 하면 서로를 신뢰할 수 있을까요?" 어떤 감정도 드러내지 않으면서 우리가 할 수 있는 일이 무엇인지 질문하는 것이다. 상대방이 조금이라도 현명한 사람이라면 왜 이런 질문이 나왔고 따라서 무엇을 해야 할지 알아차릴 것이다.

무척 급한 상황에서 상대방에게 3~4회 전화를 걸었는데 응답이 없어 전화를 요청하는 문자를 남겼다. 그런데도 아무런 소식이 없다. 이런 상황에서는 어떻게 표현하는 것이 가장 현명한 방법일까. 인간관계에서는 잠깐의 감정만 고려해서 섣불리 행동하면 안 된다. 긴 안목과 호흡을 갖고 전략적으로 결정해야 한다.

"문자에도 답하지 않고 전화도 주지 않아 실망했습니다." 만약 이렇게 표현하면 상대방이 어떻게 반응할까. 상대방도 사정이 있을 수 있는데, 이런 단정적인 표현의 말을 듣는다면 좋은 반응을 보일 리가 없다.

이렇게 메시지를 보내면 어떨까. "제 문자를 보셨는지요? 상의할 일이 있는데 언제쯤 가능하실지요?" 아마도 이 문자를 본 상대방은 수차례 걸려온 전화와 문자에 응답하지 않은 상황에 대해 미안해할 것이다.

현명한 리더는 자기의 감정을 있는 그대로 표현하지 않는다. 어떤 관계에서나 상황에서도 문제를 해결하고 성과를 내는 방법을 모색하고, 그 결론에 따라서 전략적으로 행동한다. 즉, 다른 사람이라면 감정적이거나 단정적인 표현을 할 수 있는 상황에서도 부정적 표현을 하는 대신에 적절한 질문을 사용하면서 문제를 해결한다.

4

리더의 피드백, 구성원을 성장시킨다

아마 거의 모든 리더가 구성원에게 피드백을 주는 일을 꺼릴 것이나. 사실 근 이바는 피드백에 대한 안 좋은 인식 때문이다. 필자는 강의나 코칭을 할 때 리더들에게 피드백에 대해 어떻게 생각하는지 자주 물어본다. 이들 대부분이 피드백이라고 하면 '질책'이나 '야단' 등 부정적인 이미지를 떠올린다. 그러다 보니 리더에게 피드백은 주기도 싫고 받기도 싫은 것이 되어 버렸다.

리더들에게 "만약 당신에게 말을 잘 안 듣는 동생이 있는데, 이 동생이 잘못된 방향으로 나아가고 있다면 형으로서 피드백을 주시겠습니까? 아니면 모른 척하시겠습니까?" 그러면 리더들 대부분이 어려워도 피드백을 주겠다고 답한다. 이어서 묻는다. "함께 일하는 직원은 모른 척해도 되는 사람인가요?" 많은 리더가 이 질문에 대답을 망설인다.

필요한 줄은 알면서도 주기도 받기도 싫은 피드백. 리더들은 구성원이 피드백 때문에 상처받지 않을까, 괜히 말실수해서 구성원과의 관계가 나빠지지 않을까, 내 생각과 의견이 과연 맞는 것일까 하는 두려움에 피드백을 잘 활용하지 못한다.

그러나 피드백을 주는 일이 질책하고 야단치기 위한 일은 아니다. 피드백은 누군가의 성장과 개선을 위해 하는 일이고, 그 사람이 더 나은 미래로 갈 수 있도록 디딤돌을 놓아주기 위한 일임을 명심해야 한다.

피드백은 경청, 질문, 칭찬과 더불어 리더가 갖춰야 할 핵심적인 소통의 요소다. 피드백을 피하는 일은 리더의 임무를 회피하는 일과 같다. 그것은 구성원에게 성장할 기회를 주지 않으려는 것과 같다. 그러므로 피드백을 제공하지 못하는 리더는 리더의 자격이 부족하다고 봐도 된다. 그렇다면 피드백에 대한 부정적인 인식에서 벗어나서 피드백을 잘 활용하려면 어떻게 해야 할까? 지금부터 이에 대해 알아보기로 하자.

구성원에게 발전적 피드백을 선물하라

필자가 한 회사에서 리더로 일할 때 있었던 일이다. 구성원 한 명에게 그의 문제점에 관한 피드백을 주어야 하는 상황이었다. 피드백을 어떻게 할까 생각하다 보니 온갖 걱정이 떠오르고 최악의 시나리오를 상상하면서 실행하지 못하고 있었다. 그렇게 걱정만 하다가 어느 날 단단히 마음먹고 해당 구성원을 불러 과감하게 피드백을 주었다. 그랬는데 웬걸 걱정했던 일이 하나도 일어나지 않았다.

피드백을 주어야 하는 상황에서 리더는 걱정이 많다. 온갖 걱정을 하다 보면 리더로서 피드백을 주어야 하는 상황을 피하고만 싶어진다. 이처럼 피드백을 망설였던 한 리더가 필자에게 들려 준 일화가 있다.

"성과 평가를 마친 다음, 구성원과 면담을 하면서 피드백을 주었습니다. '당신에게 부족한 점은 ○○○이고 앞으로는 개선하면 좋겠다.' 그랬더니 구성원이 이렇게 말하는 겁니다. '팀장님, 진작에 이런 피드백을 주었으면 제가 더 빨리 개선했을 것이고 평가도 더 잘 받을 수 있기 않았을까요?'"

이 리더는 망설이다가 겨우 1년에 한 번 있는 면담 기회를 활용해 피드백을 준 것인데, 피드백에 관한 구성원의 욕구는 완전히 달랐던 것이다. 이처럼 구성원들이 피드백을 기다리고 있을 수도 있다. 구성원들은 리더가 자신들의 성장을 돕기 위해 객관적인 관점에서 해 주는 발전적 피드백을 환영한다. 그것이 자신들을 성장하게 하는 선물이라는 사실을 알고 있기 때문이다.

긍정적 효과를 믿고 과감하게 피드백하라

일반적으로 사람은 자기가 한 일을 정당화하려는 경향이 있다. 아무리 좋은 피드백이라 해도 그 내용에 따라서 단기적으로는 구성원이 피드백을 준 리더에게 반감을 갖거나 서운해할 수도 있다.

그러나 피드백은 리더의 중요한 책임 영역이다. 단기적으로 작은 갈등을 가져온다고 해서 회피해서는 안 된다. 오히려 작은 갈등이 장기적으로는 긍정적인 효과를 불러올 것이라는 믿음을 가져야 한다. 피드백을 수용한 사람은 자신을 발전시킬 수 있고, 이에 따라 행복 수준이 증가하기 때문이다. 피드백을 받고 며칠 지나면 차츰 그 내용이 소화되고, 이를 자신의 발전에 활용할 마음이 생긴다. 피드백이 상대방에게 주는 좋은 선물이라고 생각한다면 부담 없이 실행할 수 있을 것이다.

리더는 자신이 구성원에게 해 줄 피드백이 합당하다는 생각이 들면 망설이지 말고 두려워하지 말고 피드백을 주어야 한다. 피드백을 두려워하는 데 들이는 시간보다 더 시간과 공을 들여야 하는 일은 각 구성원에게 어떤 피드백을 해 주어야 할까 고민하는 일이다.

한편 피드백을 줄 때 꼭 기억해야 할 점이 있다. 피드백이라는 선물을 어떻게 처분할지는 선물을 받은 사람의 몫이라는 점이다. 피드백을 의미 있게 활용할지 혹은 한쪽 구석에 버려둘지 선택하는 것은 오로지 피드백을 받은 구성원의 몫이라는 사실을 명심하자.

'나도 맞고 너도 맞다'는 관점을 가져라

그런데 똑같은 피드백이라도 어떤 리더가 준 피드백은 선물로 받아들이고 또 다른 리더가 준 피드백은 꾸중이나 질책으로 받아들인다. 이 차이는 도대체 어디에서 오는 것일까? 그 원인은 리더의 구성원에 대한 관점의 차이 때문인 경우가 많다. 그러므로 리더가 구성원이 선물로 받아들일 만한 제대로 된 피드백을 주기 위해서는 자신이 어떤 관점을 가지고 구성원에게 피드백을 하는지 점검해 봐야 한다. 다른 사람을 보는 관점에는 다음에 제시하는 네 가지 관점이 있다.

첫째, 나는 맞는데 다른 사람은 틀렸다는 관점. 자신의 목표와 기준만 중시한 채 자신의 방법을 강요한다. 경청도 선택적으로 한다.

둘째, 나도 틀렸고 다른 사람도 틀렸다는 관점. 비판적이고 수동적인 자세를 보이며 불신으로 대화가 어려워진다.

셋째, 나는 틀렸는데 다른 사람은 맞다는 관점. 상대방에게 지나치게 의존하면서 무조건적으로 복종하거나 열등감 또는 피해의식을 가진다.

넷째, 나도 맞고 다른 사람도 맞다는 관점. 타인을 존중하고 상대의 이야기에 귀를 기울인다. 문제 해결에 있어서 열린 마음을 갖고 토론과 경청이 가능하다.

리더는 이 네 가지 관점 중에서 어떤 관점에서 피드백을 주어야 할까. 당연히 나도 맞고 다른 사람도 맞다고 보는 긍정적이고 열린 자세로 피드백을 주어야 한다. 그럴 때만 상대방은 피드백을 받아들인다.

리더가 상대방을 인정하는 긍정적이고 열린 자세로 소통할 때 비로소 구성원의 의견을 존중하고 경청할 수 있고, 일방적인 지시가 아니라 수평적인 토론이 가능해진다. 만약 구성원과 대화를 할 때 진행이 잘되지 않는다면 잠시 물러나서 확인할 필요가 있다. '나는 '나도 맞고 너도 맞다'는 관점을 가지고 있는가?'

'나 표현법(I-Message)'을 구사하라

"나는 절대로 선수들을 공개적인 자리에서 혼내지 않는다. 그렇게 하는 감독이 있다면 감독의 자질이 없는 사람이나." 맨체스터 유나이티드 전 감독 알렉스 퍼거슨Alex Ferguson이 한 말이다. 이는 피드백을 주는 기술 중에서 가장 기본이다. 칭찬은 가능한 많은 사람 앞에서 하는 것이 좋다. 그러나 피드백은 다른 사람이 없는 환경에서 일대일로 해야 한다.

그러나 우리는 종종 이 원칙과 반대로 하는 리더를 본다. 어떤 임원은 팀원들이 보는 앞에서 팀장을 마구 야단친다. 그것도 인격 모독 수준의 욕설까지 사용하면서 말이다. 이 리더들은 이런 방법이 실제로 효과가 있다고 말한다. "가끔씩 구성원을 호되게 질책해야 그들이 긴장을 하고 일을 빨리빨리 처리합니다. 보는 사람이 많으면 많을수록 그 효과는 크다고 생각합니다."

이 생각은 매우 위험한 사고방식이다. 아마 당장 하루 정도는 효과가 있을지도 모른다. 그러나 이 방법을 계속 사용하면 영원한 원수를 만들게 될지도 모른다.

일대일로 피드백하는 것 외에도 리더가 구성원에게 발전적 피드백을 제공하기 위해서는 섬세한 기술이 필요하다. 말을 할 때 조심하지 않고 투박하게 전달하면 진정성을 알아주기는커녕 오해만 살 수 있다. 피드백을 제공할 때 상대방이 감정적 저항을 최소화한 상태에서 들은 말을 소화할 수 있도록 배려해야 한다.

이때 유용한 소통 기법이 '나 표현법I-Message'이다. 이는 '내가 보기에는…', '내 의견은…'으로 말을 시작하는 방법이다. 이 기법의 전제는 '내가 그렇게 보고 판단했을 뿐 이것이 맞을 수도 있고 아닐 수도 있다'는 것이다. 피드백을 소화하고 개선할지 여부는 피드백을 받는 사람이 결정하면 된다.

내가 말하면 누군가 반드시 변화하리라고 생각하는 건 오만이다. 누군가에게 도움이 꼭 필요한지, 얼마나 필요한지, 정말로 필요한지 제삼자로서는 그 속을 정확히 들여다보기 힘들다. 변화를 강요할 필요도 없고 그래서도 안된다. 리더가 할 일은 구성원에게 거울을 비춰 주고 이를 통해 본모습을 알려 주는 일이다. 리더는 구성원의 성장과 발전을 위해서 내가 본 것과 느낀 것을 담담하지만 진지하게 전달하는 방식의 피드백을 해 주어야 한다.

'나 표현법'과 완전히 반대쪽에 '너 표현법You-Message'이 있다.

한 팀장이 직원에게 이렇게 말했다. "당신은 왜 그 모양이야. 맨날 하는 일이 왜 이래?" 이 문장에서 주어는 '당신'이 된다. 말하는 사람은 나인데 문장의 주어는 상대방이 되고 있다. 즉, 나에게는 문제가 없고 '너'가 잘못하고 있으며 모든 책임은 '너'에게 있다고 말하는 것이다. 앞에서 말한 '나 표현법'과 차이가 느껴지는가?

나 표현법에서 문장의 주어는 '내'가 된다. 이 표현법의 핵심 원리는 상대방의 행동 때문에 '내 입장'이 곤란하다고 표현하는 것이다. 예를 들어, "김 대리, 내가 굉장히 곤란했어. 본부장님께 약속한 일정에 보고하지 못했거든. 김 대리가 2일 늦게 보고했기 때문이지"라고 말할 수 있다.

이 '나 표현법'은 상대방을 공격하거나 감정을 상하게 하지 않으면서 자신의 감정을 피력할 수 있다는 장점이 있다. 따라서 소극적이지도 공격적이지도 않은 중립적인 소통 방식이다.

그런데 어떻게 하면 중립적 소통 방식을 취할 수 있을까? 답은 의외로 간단하다. 감정을 배제할 것. 내가 스트레스를 받거나 화나는 상황에서도 감정을 누르고 '객관적 행위'나 '사실' 중심으로 표현하는 일이다. 즉, 그 상황이 '너 때문에 벌어졌다'거나 그로 인해 '너에게 화났다'가 아니라 '내가 어떤 어려움 또는 문제점을 가지게 되었다'는 방식으로 나의 입장을 설명하면 된다.

리더 시프트

'사람' 말고 '행동'에 대해서만 피드백하라

리더들이 구성원에게 자주 하는 실수는 사람과 행동을 분리하지 않고 그 둘을 한데 묶어서 피드백을 주는 것이다. 좀 더 정확하게 말하면 사람의 인격에 대하여 피드백을 제공하는 일이다. 리더들이 흔히 실수하는 잘못된 피드백의 예를 들어 보자. "너는 그게 문제야. 매번 그래. 어쩜 그렇게 제대로 하는 게 하나도 없니?"

위에 예로 든 말에서 어떤 문제점을 느꼈는가? 사실 피드백을 받은 그 사람이 매번 잘못만 하는 사람도, 제대로 하는 게 단 하나도 없는 사람도 아닐 것이다. 그런데 피드백을 주는 사람이 감정에 휩싸이면 이런 과도한 일반화의 우를 범하게 된다. 이런 말은 잘못된 행위에 대해 피드백을 주는 것이 아니라 그 사람 자체 혹은 존재를 부정하는 말이나. 그리므로 당연히 반박을 불러온다. 그 결과 처음에 기대했던 피드백의 효과는 온데간데없이 사라지고 감정의 티끌만 남게 된다.

물론 구성원이 가끔 실수할 때도 있고 어쩌다 잘못된 행동을 할 수도 있다. 그때 리더는 그 사람 자체를 힐난하거나 부정하는 말을 해서는 안 된다. 잘못한 행동에 대해서만 피드백을 주어야 한다. 그것도 구체적으로 어떤 행동이 잘못되었고, 그것을 개선하려면 어떻게 해야 하는지에 대해서만 피드백을 주어야 한다. 그래야 구성원도 이를 수용할 수 있고 , 나아가 같은 실수나 잘못을 반복하지 않게 된다.

구성원 한 사람 한 사람과 면담하라

신임 리더가 가장 먼저 해야 할 일은 업무 파악이다. 업무 파악이 일단락되고 나면 구성원과 개인별로 면담 시간을 가져야 한다. 신임 리더에게는 구성원 개개인과 면담하는 일이 정말 중요하다. 면담은 결코 건너뛰어서는 안 된다.

개별 면담에서는 각각의 구성원들에게 아래 표에 나오는 것과 같은 질문을 적극적으로 해서 의견을 들어야 한다.

개별 면담은 구성원들에게 성의 있는 리더의 자세를 보여 줄 수 있다는 장점이 있다. 면담하다 보면 각각의 구성원들과 나눈 대화 속에서 공통으로 나오는 과제가 있을 것이다. 이것을 일의 우선순위를 정하는 데 참고할 수 있다. 또 면담 결과 나온 의견을 모아서 단기 과제와 중장기 과제 등으로 분류함으로써 향후 리더로서의 업무를 효율화할 수 있다. 물론 구성원들이 내놓은 의견으로 모든 것을 결정하라는 것은 아니다. 참고로 삼으라는 이야기다.

〈개별 면담 질문 (예시)〉

A	각각의 구성원이 신임 리더에게 바라는 것은 무엇인가
B	현 조직의 문제점은 무엇이라고 생각하는가?
C	어떻게 해야 문제점을 해결할 수 있다고 보는가?
D	신임 리더가 꼭 해야 할 일은 무엇이라고 생각하는가?

리더 시프트

리더에게 면담은 중요한 업무 중 하나인데도 신임 임원, 신임 팀장들은 대개 면담을 너무나 어려워한다. "직원들이 도통 말을 안해요. 아무리 물어봐도 '예, 아니오'로 짧게만 대답하고……. 대화를 이어 가느라 어색해서 죽을 뻔했습니다. 경청하려고 했는데 뭔 말을 해야 경청하지요!"

그 고충은 이해한다. 그러나 과연 리더만 구성원과의 면담을 어려워할까? 구성원도 마찬가지다. 구성원에게 리더와의 면담은 더 어려운 일일 것이다. 구성원들은 새로 부임한 리더가 아직 어떤 사람인지도 모르는 상태다. 더구나 괜히 무슨 말을 했다가 밉보일까 봐 걱정도 된다.

리더는 이 어색함을 자연스러운 현상으로 받아들여야 한다. 면담의 시간을 너무 어렵게 생각하지 말고 자신을 보여 주고 구성원을 알아가는 탐색 시간이라고 생각하는 것이 좋다. 신임 리더가 면담을 피해 나갈 길은 없다. 리더가 자신이 맡은 조직을 하루빨리 안정시키고, 그 조직을 제대로 이끌어나가기 위해서는 반드시 면담을 거쳐야 한다. 개별 면담은 신임 리더가 새로 만난 구성원들에게 자신의 진정성을 지속적으로 보여 주기 위한 장정의 첫걸음이다.

구성원들이 면담을 통해 제안한 의견 중에서 리더가 타당하다고 생각하고 또 바로 실행할 수 있는 일이라면 되도록 빨리 실행하는 것이 좋다. 약속은 신중히 하되 약속했으면 재빨리 실행하라. 사람의 마음을 여는 열쇠는 약속이 아니라 실행이다. 리더가 약속한 바를 신속하게 실행하는 모습을 보여 준다면 구성원은 리더를 신뢰하게 될 것이다.

다시 한번 말하겠다. 면담을 두려워하지 마라. 구성원도 당신과의 면담을 두려워하고 있다. 한번 만남으로 한꺼번에 다 이루겠다는 생각을 버리고 마음을 내려놓고 가벼운 이야기부터 시작하면 된다.

면담을 디자인하라

사람을 만나는 일이 그 자체로 중요한 건 아니다. 만나는 일 보다 만나서 무엇을 할 것인가가 중요하다. 사람을 만나서 의미 있고 진지한 대화를 나누는 일은 그리 쉽지 않다. 의미 있는 대화를 나누기 위해서는 사전에 준비가 필요하다. 리더가 구성원 면담을 진행하기 전에 새겨 둬야 할 실천 과제를 몇 가지를 순서대로 정리해 보았다.

질문 목록 미리 준비하기

질문 목록은 내가 묻고 싶은 것, 나누고 싶은 주제와 관련된 질문들로 구성하는 것이 좋다. 아직 질문에 익숙하지 않은 사람일수록 순발력으로만 질문하면서 면담을 순탄하게 진행하기는 어렵다. 그러니 미리 준비한 질문 목록을 작성해 보자. 그리고 이 질문들을 꼭 다 쓰려고 하지 말고 상황에 따라서 유연하게 적용해 보자.

친밀감 형성하기

다짜고짜 상대방에게 하고 싶은 말이 무엇인지 물어보면 대화가 순탄하게 흘러갈 리 없다. 상대방이 좋아하는 화제 혹은 스포츠, 음악 등의 주제로 이야기의 물꼬를 트는 것이 좋다. 두 번째 면담일 경우에는 반드시 첫 번째 면담에서 나온 이야기를 기억해서 활용하자. 첫 번째 면담에서 나왔던 이야기를 두 번째 면담에 자연스레 연결하면 구성원은 리더의 성의와 진정성을 느낄 수 있고 면담 분위기도 좋아질 것이다.

잘한 일 칭찬하기

구성원의 이야기를 경청하다 보면 잘한 일 혹은 구성원의 장점이 드러나는 이야기가 나올 수밖에 없다. 이때는 그냥 지나치지 말고 콕 집어서 칭찬하자. 칭찬은 면담 분위기를 좋게 만들뿐더러, 조금 더 편한 분위기에서 의미 있는 말이 오갈 수 있도록 돕는다.

추가로 질문하기

구성원의 이야기를 듣다 보면 추가로 궁금한 점이 생길 수 있다. 그것을 자연스럽게 물어보면서 면담을 이어 가면 된다. 구성원에게 호기심을 갖고 대화를 진행하면 의미 있고 재미있는 면담 시간이 될 것이다.

직급별 면담 스킬을 활용하라

면담은 한 번에 끝나는 일이 아니라 수시로 해야 하는 일이다. 많은 구성원과 함께 일하는 리더는 일대일 면담 외에도 직급별 면 담과 같은 그룹 면담도 함께 진행해야 한다.

자신의 철학과 방침이 얼마나 잘 전파되고 있는지, 중간 간부가 리더십을 제대로 발휘하고 있는지, 사원들은 어떻게 생각하고 있고 불만은 없는지를 직접 듣는 일은 리더에게 반드시 필요한 일이다.

그런데 한편으로는 이런 의문이 들 수도 있다. '팀장과 일반 사원 사이에 파트장 같은 중간 간부가 있는 경우에 팀장이 일반 사원을 직접 만나 대화하면 파트장이 싫어하지 않을까? 언제는 위임하라 고 하더니 일반 사원을 직접 만나 소통한다고 하니 앞뒤가 안 맞는 이야기 아닌가?'

만약 리더가 중간 간부에게 알리지 않고 마치 비밀 모의하듯이 구성원과 자리를 따로 만들고 면담을 했다면, 그 이후의 상황이 순 탄하지 않을 수도 있다. 팀장을 왜 만났는지, 무슨 이야기를 했는 지 궁금한 파트장은 구성원을 불러 물어볼 것이다. 그러면 구성원 은 중간 간부에게 면담한 내용 중에서 어떤 내용을 말하고 또 말하 지 말아야 할지 헷갈리면서 곤란한 처지에 놓일 수 있다.

따라서 중간 간부가 있는 조직에서 리더가 하위 부서의 구성원과 직접 면담할 때는 그 과정을 투명하게 운영할 필요가 있다. 누구를 언제 만나는지 중간 간부에게 미리 알리고, 만남의 결과를 공유하여야 한다. 이런 과정이 불투명하다면 어쩌면 팀장과 파트장 사이의 신뢰가 무너지고 자칫 후유증이 생길 수 있다.

직급별 면담에서 리더가 겪는 어려움은 또 있다. 살아 있는 이야기를 듣고 싶어서 직급별 면담을 가졌는데 구성원이 형식적인 말만 늘어놓고 속에 있는 이야기를 하지 않을 경우다. 이럴 때 참고할 만한 좋은 방법이 하나 있다. 바로 포스트잇을 활용하는 면담 스킬이다.

우선, 리더가 미팅에 참석해서 미팅 취지와 진행 방법을 설명하고 촉진자를 정한 다음 퇴장한다. 리더가 퇴장한 후, 리더가 없는 자리에서 구성원끼리 이야기를 충분히 나눈 다음에 안건과 건의사항 등을 포스트잇에 정리한다. 촉진자 역할을 맡은 사람이 포스트잇을 비슷한 내용끼리 분류한다. 이 과정이 끝나면 리더가 다시 참석해 분류된 포스트잇의 내용을 살핀 다음 토론을 진행해 필요한 부분에는 대답하고 해결 가능한 일에는 해결책을 제시한다.

이 방법은 의견을 낸 사람의 익명성이 보장되기 때문에 다양한 의견이 자유롭게 나올 수 있다는 장점이 있다. 이런 미팅을 몇 차례 반복하다 보면 리더와 구성원 사이에 신뢰가 쌓인다. 그때는 포스트잇을 활용하지 않아도 솔직하게 터놓고 이야기를 나눌 수 있는 환경을 조성할 수 있다.

성과 면담은 더욱 치밀하게 디자인하라

일상적인 피드백 면담 외에 성과 평가 면담이 있다. 이는 구성원에 대한 성과 평가를 완료한 다음에 피드백을 제공하는 면담이다. 리더는 성과 평가를 완료하면 성과 면담을 준비하고 실행해야 한다. 최근에는 기업들이 성과 면담을 시스템화하고 모든 리더에게 구성원을 일대일로 만나서 성과 평가 결과를 전달하고 구성원의 이야기를 들어 보는 절차를 필수로 하고 있다.

성공적인 성과 면담을 위해서는 준비할 것도 많고 해야 할 일도 많다. 머리 아프고 민감한 일이니만큼 사전에 치밀한 디자인이 필요하다. 먼저 리더는 성과 면담을 실시하기 전에 구성원에 대한 정보를 최대한 많이 수집하는 것이 좋다. 이를 바탕으로 공정하고 객관적인 입장에서 면담을 진행할 수 있다.

성과 면담은 일방적인 평가 결과를 주입하거나 강요하는 자리가 아님을 인식하자. 일상적인 피드백 면담과 마찬가지로 강요 또는 질책이 아니라 리더와 구성원 사이에 쌍방향 소통이 이루어져야 하는 자리다. 성과 면담도 기본적으로 다른 면담과 다르지 않다. 리더가 진정성을 가지고 구성원과 대화하는 것이 요체다. 리더가 구성원을 진정으로 아끼고 성장시키려는 마음을 갖고 임하면 성과 면담은 이미 절반의 성공을 이루었다고 할 수 있다. 이런 마음을 가졌다면 어렵지 않다.

자. 그러면 구체적으로 리더와 구성원이 성과 면담을 위해 마주

앞은 상황을 제시하고 성과 면담에서 리더가 해야 할 일들을 구체적으로 연습해 보기로 하자.

심리적 유대감 형성하기

진지한 대화를 하기 위해서는 예열 단계를 거쳐야 한다. 리더는 이 단계에서 구성원에게 최근에 있었던 즐거운 일이나 즐기고 있는 취미를 물어봄으로써 진지한 대화로 나아가기 위한 윤활유 작용을 할 수 있고 무거운 주제에 대한 경계심도 낮출 수 있다.

평가 결과와 평가 기준 설명하기

다음으로, 구성원에게 평가 결과와 평가 기준에 관해 설명해야 한다. 리더가 연초에 발표하고 공유했던 평가 기준을 다시 한번 짚어 준다. 이때 리더가 공표했던 평가 기준과 평가 적용에는 일관성이 있어야 한다. 혹 구성원이 평가 결과에 대해 다른 의견을 밝힌다면 리더는 자신이 가지고 있는 자료를 근거로 분명하고도 충분하게 설명해야 한다.

구성원이 성과에 대해 이야기할 시간 충분히 제공하기

성과에 대해 구성원 당사자가 이야기할 시간을 충분히 제공하는 일은 중요하다. 구성원 스스로 생각하기에 지난 1년 동안 이루어 낸 성과는 무엇인지, 잘한 일은 무엇이고 개선이 필요한 점은 무엇인지 등을 짚어가면서 스스로를 돌이켜 볼 수 있고, 그 과정에서 자기 객관화가 이루어질 수 있다. 또, 성과 면담이 끝난 뒤 구성원이 자신의 성과에 대해 제대로 말을 못 해서 성과 평가가 잘못되었다는 생각을 하지 않도록 할 수 있다.

구성원에게 개선이 필요한 점 구체적으로 말하기

구성원의 개선이 필요한 점이 있다면 그것을 구체적이고 간결하게 말해 주어야 한다. '~가 부족하다'와 같이 문제점만 지적하면 구성원이 그것이 왜 잘못되었고 무엇을 개선해야 하는지를 파악하기 어렵다. 이 경우 구성원은 피드백을 흘려듣거나 강하게 부정할 수 있다. 따라서 개선이 필요한 점을 정확히 말해 줄 것. 추가로 구성원에게 개선 실행 계획을 물어 스스로 계획을 수립하게 하면 좋다.

구성원에게 격려의 말을 건네기

리더는 구성원에게 그의 성장과 발전을 돕고 싶다는 의도를 기꺼이 말로 표현해야 한다. 마음에 담아둬서는 아무 소용 없다. 성과 면담의 근본적인 목적이 구성원의 성장과 발전이라는 점을 상기하며 구성원의 강점과 잠재력에 대해 아낌없이 말해 주어야 한다.

5

리더의 칭찬,
구성원의 잠재력을 이끌어낸다

애덤 스미스Adam Smith가 쓴 『도덕감정론The theory of moral sentiments』에는 이런 구절이 나온다. "무엇보다도 중요한 인간의 충동은 이기심도 권력욕도 아닌, 칭찬받고 싶어 하는 욕구다." 우리가 칭찬을 아끼고 인색하게 구는 것은 애덤 스미스에 의하면 인간의 근본적인 욕구를 무시하는 일일지 모른다.

리더는 칭찬받고 싶어하는 구성원의 욕구를 알아채고 이를 충족시켜줌으로써 구성원에게 동기를 부여하는 존재다. 만약 칭찬받고 싶은 욕구가 제대로 충족되지 않고 계속 누적되면 구성원에게서 스트레스 행동이 표출될 수 있다. 구성원의 스트레스 행동이 자주 표출되는 조직은 성과를 제대로 달성하기 어렵다.

그렇다면 칭찬이란 무엇인가? 그 사람의 존재 가치를 인정하는 행위이다. 칭찬의 힘으로 인생의 궤도가 바뀐 사례는 무수히 많다. 심리적 거리가 가까운 사람의 인정과 칭찬은 더욱 큰 힘을 발휘한다. 이러한 맥락에서 회사에서 구성원과 가장 밀접한 관계에 있는 리더가 해 주는 칭찬은 구성원을 고무시킬 수 있다. 리더의 칭찬을 받은 구성원은 힘을 받고 잘하는 일을 더 잘하려고 노력하게 될 확률이 높아진다.

칭찬은 칭찬받는 사람이 처한 상황과 딱 맞아떨어졌을 때 상상할 수 없을 만큼 엄청난 효과를 불러올 수 있다. 칭찬을 통해 한 사람의 인생이 꽃필 수도 있다. 이와 관련한 사례를 소개해 본다.

매우 독창적이고 넓은 시야를 통해 성공한 리더가 있다. 그가 넓은 시야를 가지게 된 데는 특별한 계기가 있다. "제가 모시던 사장님께서 제게 이런 칭찬을 한 적이 있습니다. '처음에 일하는 것을 보니 투박해서 돌인 줄 알았는데 깎아 보니 옥이더라'. 이 칭찬이 저에게 무한한 가능성을 열어 주었습니다. 이때 들은 말을 지금까지 마음에 새기고 있습니다."

이렇듯 좋은 칭찬 한마디는 한 사람의 인생을 바꿀 수 있는 놀라운 힘으로 작용할 수 있다. 과감하게 구성원의 장점을 인정해 주자. 과감하게 칭찬의 말을 던지자. 누군가는 내가 해 준 짧은 칭찬 한마디로 인생에 찬란한 꽃을 피울지 모른다.

칭찬할 점을 발견하려고 노력하라

소통 강의를 하다 보면 가장 많이 듣는 말이 있다. 사실 거의 예외 없이 듣는 말이다. "코치님, 칭찬의 중요성과 효과는 저 역시 알고 있고 동의합니다. 저도 칭찬하고 싶어요. 그런데 칭찬할 게 있어야 칭찬하죠. 눈을 씻고 찾아봐도 칭찬할 구석이 없어요. 이럴 때는 어떻게 합니까?" 또 이런 도전을 받기도 한다. "조직 구성원으로서 그 정도 일을 하고 성과를 내는 것은 당연한 일인데 왜 칭찬을 해야 합니까?"

필자는 이렇게 말하는 리더에게는 다시 반문한다. "정말로 눈을 씻고 찾아보는 노력을 했나요?", "구성원의 행동을 관찰하고 선한 의도를 찾아보았나요?". 이 책을 읽고 있는 독자들에게도 묻고 싶다. 나의 가족, 나와 함께 일하고 있는 구성원을 칭찬하기 위해 그들의 강점을 찾아보는 노력을 하고 있는가? 장점을 찾는 일은 노력이 필요한 일이다. 구성원에게 관심을 가지고 장점을 찾으려고 노력해야 장점이 보이기 시작한다.

몇 년 전 EBS에서 방영된 한 프로그램에서 중학교 선생님이 학생들에게 숙제를 내주었다. 한 달 동안 하루에 한 번씩 부모님을 칭찬하는 것이었다. 학생들은 처음에는 어색해하면서 제대로 칭찬하지 못했다. 그러다 점점 익숙해지면서 제대로 칭찬하게 되었다. 이 숙제를 마친 다음 학생들이 내린 결론은 이렇다. "관심을 가지니까 관찰하게 되고, 관찰하다 보니 칭찬할 것이 보인다."

우리는 다른 사람의 단점과 보완점은 아주 쉽게 찾아내지만, 장점은 쉽게 발견하지 못한다. "가까운 사람의 장점을 세 가지만 말해 보세요"라는 질문에 쉽게 그리고 빠르게 대답하는 사람은 매우 드물다. 그런데 다른 사람의 단점 세 가지를 물어보면 채 질문이 끝나기도 전에 대답이 나온다. 이런 모습을 보면 사람들이 마치 살아오면서 다른 사람의 단점만 쉽게 찾을 수 있도록 훈련된 듯하다. 안타깝지만 이게 현실이다.

그런데, 발견하려고 노력만 한다면 칭찬 거리는 무궁무진하다. 우리가 지금까지 다른 사람의 장점에 관심을 가지지 않았기 때문에 발견하지 못했을 뿐이다. 그런데 당신은 리더가 아닌가? 리더가 되었다면 지금부터 다른 사람의 장점을 발견하는 훈련, 칭찬하는 연습을 해야 한다. 리더의 다른 이름은 '칭찬하는 사람'이기 때문이다.

칭찬하겠다는 목표를 갖고 대화를 시작하라

평소에 칭찬하는 일이 익숙하지 않은 사람은 일상적인 업무 현장에서 칭찬하는 일이 더 어렵다. 그럴 때는 칭찬을 위한 자리를 따로 가져 보는 것은 어떨까. 구성원들과의 회식 자리는 칭찬을 하기에 적합하다. 회식 자리는 리더를 포함해 모두 4명 이하로 구성한다. 인원이 많아지면 집중력이 떨어지고 대화 내용이 분산되기 때문이다. 이 자리의 목표는 참석자 모두에게 최소한 3번 이상의 칭찬을 하는 것이다.

이때 다른 사람의 말을 경청하는 자세가 중요하다. 회식에 참여한 구성원이 하는 이야기를 잘 들어야 맥락에 맞고 근거가 있는 칭찬을 할 수 있다. 또 질문하는 자세도 중요하다. 호기심을 갖고 좋은 질문을 하면 그 사람에 대해 잘 알 수 있다. 경청과 질문을 잘하면 구성원을 주인공으로 만드는 분위기 좋은 회식 자리가 만들어지고 자연스럽게 대화의 장이 열린다.

필자가 어느 대기업에서 임원을 하던 시절의 일이다. 한번은 감정 표현이 매우 부족하고 일만 많이 하는 구성원과 함께 회식을 한 적이 있다. 그 자리에서 가만히 그의 이야기를 듣고 있으니 그의 언어 표현력이 매우 풍부하다는 사실을 깨달았다. 그래서 슬쩍 칭찬을 건네 보았다. "○○○ 씨는 매우 생생하게 표현하네요. 마치 그 장면을 눈으로 보는 것 같아요. 학교 다닐 때 글짓기 대회에서 상 많이 받았겠는데요."

칭찬받은 당사자는 이렇게 대답했다. "사실은 제가 시를 좀 씁니다. 요즘 워낙 바빠서 잘 못 쓰고 있기는 한데 그래도 시를 읽고 쓰면 스트레스가 풀립니다. 상무님(필자)의 이야기를 듣고 보니 앞으로는 짬을 만들어서라도 시를 좀 써야겠네요." 조금 더 관심을 갖고 그 사람의 작은 가치를 발견한 뒤 건넨 칭찬 한마디가 그 사람의 재능을 일깨우는 계기가 된 것이다.

칭찬을 남발하라

필자는 의도적으로 '칭찬을 남발하라'고 주장한다. 칭찬에 인색한 리더는 너무 많고, 부작용을 걱정할 만큼 칭찬을 많이 하는 리더는 드물기 때문이다.

사실, 칭찬에는 그다지 많은 기술이 필요하지 않다. 감동을 주는 칭찬을 하기 위해서는 다음과 같은 몇 가지 기술을 구사할 수 있다.

상대방 본인도 모르는 장점을 찾아 칭찬하기

본인도 미처 깨닫지 못한 본인의 장점에 대한 칭찬을 들으면 당사자는 깜짝 놀라고 칭찬의 효과는 상상 이상으로 클 것이다. 물론 이 기술을 구사하기 위해서는 상당한 노력이 필요하다. 애정과 관심을 가지고 상대방을 관찰해야 가능한 일이다.

영원히 기억될 칭찬하기

예를 들면 기억에 남을 수 있는 독특한 기념품과 함께 칭찬한다면 그 사람은 그 칭찬을 영원히 떠올리며 즐길 것이다. 주위 사람이 그 기념품에 대해 물어볼 때마다 칭찬이 떠오른다.

공개적으로 칭찬하기

칭찬을 할 때는 공개적으로 하는 것이 좋다. 남들 앞에서 듣는 칭찬은 기쁨이 몇 배가 되며 감동이 오래간다.

리더 시프트

제삼자를 통해 칭찬하기

이 기법은 구성원을 면전에서 칭찬하기가 쑥스러운 리더들이 쓰기 좋다. 예를 들어, 김 대리를 칭찬하고 싶은데 직접 칭찬하기가 어렵다면 김 대리와 친한 박 대리에게 말한다. "요즘 김 대리가 너무 맘에 들어. 맡은 일을 어쩜 그렇게 정확하고 깨끗하게 처리하는지 몰라. 다른 부서와도 관계가 좋아서 일이 매우 매끄럽게 진행돼." 이 말을 들은 박 대리가 그냥 있을 리 없다. 바로 김 대리에게 전달할 것이다. "김 대리, 요새 팀장님이 네 칭찬하고 다니더라. 사방에 다니면서 김대리에 대한 좋은 이야기를 하고 있어." 다른 사람에게서 전달받은 간접적인 칭찬의 효과는 매우 크다.

누구나 자신의 존재 가치를 인정받고 싶어 한다. 칭찬은 그런 욕구 충족을 강화하고 보다 오래 지속시킨다. 스스로에게 물어보라. '어린 시절 칭찬받은 기억이 나는가? 내게 어떤 영향을 미쳤는가?' 누가 언제 어떤 말로 나를 칭찬했는지 생생하게 기억나는 칭찬이 하나쯤은 있을 것이다. 당신도 누군가에게 그런 칭찬을 해 보자.

칭찬의 부작용을 걱정하지 마라

필자는 앞에서 칭찬의 부작용을 걱정하는 리더가 많다고 말했다. 보통 그들은 이렇게 말한다. "칭찬이 좋다는 것은 알겠습니다.

해 보겠습니다. 그런데 칭찬을 많이 하면 부작용이 없을까요? 칭찬받았다고 나태해지고 대충 일하면 어쩌죠?"

이런 질문을 받으면 필자는 거꾸로 질문한다. "팀장님은 본부장님에게서 일 잘했다고 칭찬받으면 나태해지고 일을 대충 할 것 같으세요?" 그들은 그 질문에 대답하지 못한다. 그러면 이어서 물어본다. "그런데 왜 구성원은 그럴 거라고 생각하세요?" 그들의 입은 더욱 굳게 닫힌다. 어떤 일이든 스스로에게는 관대하고 다른 사람에 대해서는 엄격한 인간의 습성이 여기에서도 나타나는 것이다.

필자는 매번 강조하고 또 강조한다. "제발 칭찬 좀 남발하세요. 지금까지 저는 칭찬을 남발하기는커녕 적당한 정도로 하는 리더도 별로 보지 못했습니다. 칭찬에 대한 부작용은 충분히 해 본 다음에 걱정해서도 됩니다. 이미 많은 학자가 칭찬에는 좋은 효과만 있다는 사실을 밝혀내기도 했습니다."

장점부터 찾아내서 칭찬하라

자세히 보지 않고 겉으로만 보면 칭찬할 거리가 없는 사람이 있다. 단점만 보이고 질책할 만한 문제점만 드러나는 사람이 있다. 이럴 때 리더는 그 사람의 이면을 보기 위해 노력해야 한다. 그러면 칭찬할 거리가 보인다.

예를 들어 보자. 회의나 대화 중에 자신의 의견을 강하게 제시하면서 다른 사람의 의견을 무시하는 사람이 있다. 주변에서 어렵지 않게 볼 수 있는 경우다. 이런 사람들은 장점도 있지만 두드러지게 보이는 문제점 때문에 다른 사람들로부터 배척을 당하는 경우가 많다.

리더는 이런 유형에 속하는 사람들의 장점을 보도록 노력해야 한다. 그리고 그 장점을 당사자에게 알려 주어야 한다. 이런 유형의 사람이 가진 장점은 무엇일까. 아마도 주도성, 적극성, 강한 문제 해결 의지, 강한 성취 욕구, 추진력 등일 것이다.

장점과 단점은 동전의 앞면과 뒷면 같은 것이다. 둘 중 어느 한쪽만 가지고 있는 사람은 없다. 리더는 구성원의 장점을 먼저 말해 주어야 한다. 그다음 그 장점에 따르는 그늘은 무엇인지 질문함으로써 본인 스스로 장점이 가져올 수도 있는 문제점을 인식할 수 있게 하면 된다. 이렇게 리더가 먼저 구성원의 장점을 인정한 다음에 구성원이 스스로 문제점을 생각하게 한다면 구성원 역시 흔쾌히 자신의 단점을 받아들이고 개선하기 위해 노력할 것이다.

주위에서 흔히 볼 수 있는 또 다른 사례를 들어 보자. 평소에 의견을 잘 제시하지 않고 머뭇머뭇하면서 말도 느리게 하는 구성원이 있다. 아마 리더 입장에서는 속이 터질 수도 있겠지만 한 번 더 생각해 보자. 이런 유형의 구성원이 가진 장점은 무엇일까. 아마도 생각이 많다, 신중하다, 다른 사람에게 배려를 잘한다, 좋은 아이디어를 낸다 등일 것이다.

리더는 이 장점에 따른 그늘이 무엇인지 구성원과 함께 생각해 볼 수 있다. 예컨대, '다른 사람은 당신에 대해 어떻게 느끼고, 무엇을 원하고 있을까?', '스스로 보완을 해 본다면 무엇을 할 수 있을까?' 등의 질문을 던져 구성원 스스로 성찰하고 보완적인 행동을 할 수 있게 만든다. 사람은 복합적인 존재다. 편협한 시각으로 한쪽 면만 보면 그 사람을 제대로 볼 수 없다.

한 구성원의 단점 뒤에 어떤 장점이 있는지 찾아보고 그에 대해 칭찬을 한 결과 놀라운 효과를 본 리더가 있다. 그는 그 과정에 대해 이렇게 이야기했다. "단점이 두드러지게 많이 나타나는 직원이었어요. 너무 정적이다, 너무 많이 잰다, 도전정신이 부족하다 등 이런 단점만 보였는데 이 단점 뒤에 있는 장점을 보고자 했더니 보이더라고요. 이 친구는 생각이 많고 준비를 많이 하니까 일에 실수가 없어요. 이 친구가 하는 일은 믿고 맡겨도 매번 성공합니다. 이렇게 장점을 생각해 보니 이 사람을 더욱 이해할 수 있게 되었습니다. 그리고 제가 찾은 장점을 성과 면담 때 알려 주면서 칭찬을 해 줬습니다. 그랬더니 위축되어 있던 모습에서 자신감이 보이고 안좋은 면을 개선하려는 모습도 보이기 시작하더군요. 긴가민가했는데 이면을 보고자 했더니 장점이 보이고 장점을 칭찬했더니 사람이 달라지네요."

이 사례는 리더의 칭찬이야말로 구성원의 잠재력을 이끌어내는 가장 탁월한 방법임을 보여 주고 있다.

SHIFT 3

의사 결정 방식의 시프트

리더십의 핵심은 의사 결정이다

어떤 결정을 내려야 할 때 가장 좋은 것은 올바른 결정이고 다음으로 좋은 것은 잘못된 결정이며 가장 나쁜 것은 아무 결정도 내리지 않는 것이다.

전 펩시콜라 CEO 로저 엔리코

1

리더의 의사 결정,
성과에 결정적인 영향을 미친다

너무나 빠르게 변하는 경영 환경 속에서 생각하고 검토할 일도 많아지다 보니 의사 결정을 하는 일이 쉽지 않다. 의사 결정 이후에 따르는 책임 문제 역시 가볍지 않다. 그러나 피할 수 없는 일이다. 리더는 매 순간 빠르고 정확한 결정을 해내야만 한다.

무엇을 선택할 것인가. 언제 실행할 것인가. 리더는 늘 의사 결정 문제에 시달린다. 의사 결정은 리더의 가장 큰 스트레스 요인이다. 그렇지만 한편으로 의사 결정 권한은 리더만이 가진 특권이기도 하다. 리더만이 할 수 있는 일이고 그 과정에서 리더의 진정한 존재 가치가 발현되기 때문이다.

결정을 회피하는 리더는 자신의 존재 가치를 버리는 것과 같다.

결정을 제때 적절하게 한 리더는 조직에 긍정적인 성과를 가져다 주고, 결정을 제때 제대로 하지 못한 리더는 조직 전체의 의사소통과 의사 결정의 속도를 늦춰 결과적으로 조직에 해를 끼치게 된다. 우유부단하게 결정을 내리지 못하고 미루는 리더는 함께 일하는 구성원을 피곤하게 한다. 구성원들은 결단력 없는 리더를 가장 싫어한다.

당신이 리더가 되었다면 지금부터 스스로를 '결정하는 사람'으로 규정해야 한다. 의사 결정은 리더십의 핵심이다. 리더는 결정이 필요한 순간이 왔을 때 책임지고 과감하게 사안을 결정하는 사람이다. 이 장에서 다루고자 하는 주제가 바로 이것이다. 새로 리더가 된 사람은 지금까지 가져왔던 의사 결정 방식의 시프트를 이루어야 한다. 리더가 되기 전에 하던 방식을 그대로 가져가면 안 된다.

'결정 장애'를 극복하라

의사 결정에 심각한 문제를 지닌 리더가 있었다. 그는 매사에 과감한 결정을 내리지 못하고 책상에 보고서를 가득 쌓아 놓은 채로 검토만 했다. 필자가 보기에 구성원이 충분히 검토한 후 보고하는데도 사안에 대한 의사 결정을 제때 내리지 않고, 추가 보완 지시만 내리기를 반복하는 우유부단한 모습을 보였다.

그중에서도 구성원들이 가장 힘들어 한 부분은 리더가 핵심적인 의사 결정을 자꾸만 미루는 것이었다. 그들은 리더가 의사 결정을 미루는 과정에서 생기는 문제를 수습하느라 하지 않아도 될 일까지 하게 되었기 때문이다. 이런 상황임에도 리더는 본인의 책임을 인식하지 못했다. 구성원을 질책하고 끊임없이 문서 검토만 하면서 엄청난 양의 보고서만 작성하게 만들었다.

이 리더는 사안에 관한 핵심을 제대로 파악하지 못했고, 일의 진행만 지지부진하게 만들었으며, 결과적으로 이 팀이 만든 보고서는 상부에서 통과하지 못했다. 당연히 그동안 고생했던 구성원의 공로는 보상받지 못했고 이 때문에 구성원의 불만은 날로 늘어만 갔다.

이때 구성원들이 이 리더에 대해 공통적으로 한 말이 있었다. "그분은 위험을 너무 회피해요. 사안이 80% 정도 진척되면 결정을 내려두 되는데 변료 필요하기도 않고 중요하지도 않은 부분까지 계속 검토한다니까요. 결국, 피해를 보는 사람은 우리예요. 우리는 성과를 내야 하는 사람이지, 끝없이 문서를 작성하는 사람이 아니라고요!"

책임은 내가 지고 실행은 위임하라

필자는 리더십 코칭을 할 때 필자가 맡은 리더의 구성원들에게 리더의 장점, 보완점, 변화가 필요한 점 등을 물어보고 그 의견을 리더에게 전달한다. 이 과정은 구성원들이 리더를 어떻게 생각하는지 리더가 직접 알 수 있는 기회를 주기 때문에 코칭에 상당히 효과가 있다.

이 과정에서 필자가 구성원에게 꼭 하는 질문이 있다. "가장 바람직한 리더의 모습은 무엇이라고 생각하세요?" 이렇게 물어보면 거의 공통적으로 나오는 대답이 있다. "'책임은 내가 질 테니 알아서 해!'라고 말하는 리더."

그렇다. 리더가 책임을 지고 과감하게 사안을 결정한 다음, 실행은 구성원에게 맡기는 모습을 보여 줄 때 구성원은 신나게 열심히 일할 수 있다.

만약 리더가 의사 결정을 미루거나 책임을 지지 않으려고 한다면 그를 리더라고 부를 수 없다. 리더는 어두운 길을 헤쳐 나가면서 등불을 비추고 방향을 알려 주는 사람이다. 그리고 스스로가 제시한 방향에 대해 책임을 지는 사람이다.

그런데, 이 글을 읽는 독자들 가운데는 이런 의문이 드는 사람도 있을 것이다. '언제는 충분히 토론하고 구성원의 의견을 들으라고 하더니 여기에서는 리더 혼자 제때 과감하게 결정해야 한다고요?' 답은 간단하다. 결정하기 전까지는 충분히 상의하고 토론하고 듣되, 때가 되면 망설이지 말고 과감하게 결정할 것. 그리고 이렇게 결정한 문제에 대해서는 리더가 책임질 것.

과거의 성공 경험은 잊어라

리더가 합리적인 의사 결정을 할 때 그것을 방해하는 나쁜 습관이 여럿 있다. 그 가운데에서도 아주 고약한 습관이 '만병통치주의'다. 만병통치주의란 무엇인가? 자신이 지금까지 해 보고 성공했다고 생각하는 경험과 이론을 각 사안의 특성을 고려하지 않고 무차별적으로 모든 곳에 적용하려는 교조적인 믿음이다.

이 만병통치주의에 빠진 리더는 자신의 소신과 생각의 틀을 지나치게 강조하는 경향이 있다. "내가 해 봐서 알아. 그러니까 시키는 대로 해. 네가 뭘 안다고 자꾸 딴 소리를 해?" 이와 같은 말을 남발한다. 이런 사람은 본인만이 정답을 안다는 잘못된 믿음과 본인이 원하는 대로 결정해야만 한다는 강력한 신념에 빠져 있다.

한 사안에서 성공한 정책이 다른 사안에서도 효과가 있다고 단정할 수 없다. 그런데도 많은 리더가 자신의 과거 성공 사례만 믿고 비슷한 정책을 여러 현장에 똑같이 적용하고 있다.

이런 사례는 역사 속에서도 많이 찾을 수 있다. 과거에 성공했던 경험 때문에 자기 과신이 생기고 이로 인해 자신의 발목을 잡는 사례들 말이다. 여기 한 사례를 소개하자.

2005년 8월 29일, 허리케인 '카트리나'가 미국 뉴올리언스주를 강타했다. 이 허리케인이 불러온 피해는 이재민 110만 명, 확인된 사망자와 실종자만 2500명 이상, 뉴올리언스 지역의 80% 침수, 재산 손실 약 1080억 달러로 미국 역사상 최악의 자연재해로 평가된다. 도대체 어떻게 대처했길래 이런 최악의 참사가 발생했을까.

책임자는 국토안보지휘센터의 백전노장 매슈 브로더릭 준장이었다. 그는 뉴올리언스 제방에 균열이 생겼다는 정보를 보고받고 파악했다. 그럼에도 그는 별다른 문제가 없을 것이라고 상부에 보고하고 퇴근했다. 이 보고에 따라 미국 행정부는 허리케인에 적극적으로 대처하지 않았고 결국 제방이 무너져 막대한 인명 피해와 재산 피해가 발생했다.

왜 이런 일이 발생했을까. 사실, 매슈 브로더릭 준장은 과거 허리케인 대처 과정에서 탁월한 리더십을 발휘한 경험 많은 리더였다. 그런데 그는 과거에 허리케인이 발생했을 때 초기 보고 내용이 결과적으로 잘못된 정보로 판명되는 사례를 여러 번 목격했고, 이런 경험에 따라 '확실한 진실'을 파악할 때까지 판단을 유보하는 성향을 가지게 되었다. 그래서 그는 카트리나 상륙 후 12시간 동안 뉴올리언스 제방이 위험하다는 보고를 무려 17번이나 받았음에도 확증이 없다며 상부에 잘못된 보고를 했다.

그의 판단 오류의 결정적인 원인은 그가 과거의 관행(생각, 습관), 그리고 과거의 성공적인 대처라는 경험에 빠져 있었다는 점이다. 이전에 성공했다는 경험으로 인해 자신을 과신하게 되었고, 뉴올리언스 지역의 특성(해수면보다 지면이 낮은 특성)을 제대로 알지 못하면서 과거 방식으로 의사 결정을 한 것이다.

그렇다. 과거에 당신이 좋은 결정을 내렸다고 해서 지금도 반드시 좋은 결정을 내릴 수 있는 것은 아니다. 당신이 모든 것을 알고 있다는 생각은 버려야 한다. 과거에 경험했던 사례가 모든 것을 설명해 준다는 생각의 틀에서 빠져 나와서 언제나 상황과 문제를 유연하게 보아야 한다.

리더는 본인이 잘못된 의사 결정을 내릴 수도 있는 사람이라는 점을 늘 염두에 두어야 한다. 그렇게 하면 마음을 열고 주변의 의견을 폭넓게 수용하는 자세를 가질 수 있다. 열린 자세로 정보를 수용하고 상황에 맞춰 유연한 의사 결정을 내릴 줄 알아야 한다.

과거의 경험에 의존하지 않는 유연한 의사 결정은 집단지성의 발현을 이끈다. 집단지성은 리더가 자신의 부족한 점을 인정하고 구성원의 능력을 최대한으로 활용할 때 발휘된다. 리더가 혼자 잘나면 구성원들의 능력이 발휘될 기회가 제한된다. 리더가 구성원 한 사람 한 사람의 다양한 경험과 능력을 존중하면 구성원 모두가 자신의 장점을 최대한 살릴 수 있는 조직으로 거듭날 수 있다. 그런 조직이야말로 어떤 상황에서도 리더가 적확한 의사 결정을 내릴 수 있는 강력한 집단지성을 가진 강력한 조직이다.

다양한 채널을 참고하라

지금까지 리더가 합리적인 의사 결정을 내리는데 방해가 되는 경계해야 할 습관에 대해 알아보았다. 그렇다면 리더가 합리적인 의사 결정을 내리는 데 도움을 주는 방법에는 어떠한 것들이 있을까?

의사 결정을 내리기 전 멘토와 상의하기

멘토와 상의할 때는 구체적인 사안을 가지고 상의하는 것이 좋다. 멘토의 구체적인 경험과 지혜를 내 것으로 활용할 수 있기 때문이다.

다른 리더들의 사례 확인하기

다른 리더들이 좋은 결정과 나쁜 결정을 내리는 사례를 통해서도 배울 수 있다. 그들이 내린 결정에 따른 결과는 어떻게 나왔는지 각각의 사례를 공부하면서 '나라면 그런 상황에서 어떤 결정을 할지' 시뮬레이션해 볼 수도 있다.

문제 상황과 관련된 책 읽기

주변에 멘토가 없거나 다른 리더의 사례가 없다면 책을 통해 간접경험을 쌓는 방법도 좋다. 리더십 관련 서적뿐만 아니라 합리적인 의사 결정을 하는 인물이 등장하는 문학 작품 등을 통해서도 리더십을 확장하고 중요한 결정을 내릴 때 도움을 받을 수 있다.

좋은 의사 결정을 내리는 능력은 하루아침에 만들어지지 않는다. 다방면에 걸친 노력 끝에 서서히 완성된다.

2

리더는
결정해야 하는 운명이다

펭귄들은 뒤뚱뒤뚱 떼를 지어 바다로 우르르 몰려들지만 정작 바다로 뛰어들기 직전에는 제자리걸음을 하면서 머뭇거린다. 바닷속에는 자신이 좋아하는 먹잇감도 많이 있지만 물개나 바다표범 같은 천적도 있기 때문이다.

그런데 머뭇거리던 펭귄 무리 가운데 천적이 있을지도 모를 불확실한 바다를 향해 맨 처음으로 뛰어드는 용감한 펭귄이 나타난다. 그러면 그때까지 머뭇거리던 펭귄들도 일제히 그 뒤를 따라 바다로 뛰어든다. 이처럼 무리의 행동을 유발하는 과감한 행동가, 실천가, 리더를 퍼스트 펭귄first penguin이라고 한다.

과감한 결정을 내리는 일은 누구나 어렵다. 남에게 결정을 미루고 본인은 혼란한 상황에서 벗어나고 싶을 것이다. 그러나 리더는 결정을 내려야 하는 운명을 갖고 있는 사람이다. 또 가장 먼저 행동으로 옮겨야 하는 사람이다. 시시각각 결단이 필요한 순간이 온다. 정보가 부족하고 명확하지 않은 상황도 많다. 지금 결단이 필요한 순간이라면 리더는 용기 있게 결단을 내려야 한다.

의사 결정의 마감 시간을 정하라

의사 결정이 느린 유형의 리더들은 정보를 최대한 많이 모은 다음 충분히 검토하고 신중하게 결정한다. 이들은 '신중하다', '꼼꼼하다'라는 긍정적인 평가를 받지만 반면에 '생각이 너무 많다', '답답하다'와 같은 비판을 받기도 한다. 리더가 결정을 신중하게 하는 것은 좋은 태도일 수 있다. 하지만 만약 생각을 지나치게 많이 하다가 의사 결정 시기를 놓친다면 구성원들에게 불안감을 일으킬 수도 있고, 조직이 일을 그르치게 만들 수도 있다.

이러한 유형의 리더들에게는 결정 시한을 정해두고 그때까지는 무조건 결정하는 방법을 써 보기를 권한다. 구성원에게 언제까지 결정하면 되는지 미리 물어보는 것도 좋은 방법이다. 리더는 결정을 미룰 때 생기는 부작용, 구성원의 시간 낭비 등의 마이너스 효과를 늘 고려해야 한다.

주변 사람에게 조언을 요청해 들어 보는 일도 필요하다. 자신이 평소 어느 정도의 속도로 의사 결정을 내리는지 정작 리더 자신은 모를 수 있기 때문이다. 이때 그들의 조언을 통해 현재 자신이 처해 있는 정확한 상태를 알 수 있다.

또, 과거에 자신이 내렸던 결정을 복기해 보는 것도 하나의 방법이다. 의사 결정을 내릴 당시 정보가 부족하다고 판단했으나 결과적으로 제때 한 결정, 충분히 검토하고 생각한 다음 조금 늦게 내린 결정 등 지금까지 내린 결정들이 각각 어떤 효과와 문제점이 있었는지 복기해 본다면 앞으로는 결정을 내릴 때 어떻게 해야 할지 나름의 기준이나 원칙을 세울 수 있다.

물리학자 정재승은 자신의 책 『열두 발자국』에서 자신이 의사 결정을 할 때 자주 사용하는 원칙으로 '죽음을 기억하라'는 뜻을 가진 '메멘토 모리memento mori'를 소개했다. 당장 죽음이 눈앞에 있다면 어떤 상황도 그보다는 절망적이지 않기 때문에 두려움 없이 의사 결정을 할 수 있다는 것이다. 그렇다. 이 '메멘토 모리'를 마음에 품고 살면 정말 소중한 일들에 집중하게 된다. 주변에서 벌어지는 다양한 일도 대수롭지 않게 받아들일 수 있고, 선택의 무게도 훨씬 가벼워질 수 있다.

언젠가 첨단 기술 분야에서 탁월한 전문성을 바탕으로 리더십을 발휘하고 있는 리더를 만난 적이 있다. 이 리더는 합리적인 사고와 함께 구성원과도 소통을 잘하는 100점에 가까운 리더였다. 그런데 유일하게 아쉬운 점이 하나 있었다. 완벽주의 성향이 있다 보니 의사 결정 속도에 문제가 있었다.

그는 다음과 같이 말했다. "어떤 현상에 적응하고 그 현상을 잘 알기 전까지는 자신감이 부족합니다. 그럴 때는 주저주저하면서 결정을 미룰 수밖에 없어요. 그러니 항상 생각을 많이 하고 결국에는 마감 날에 임박해서 결정합니다. 그런데 지나고 보니 너무 많이 생각했더라고요. 그런다고 변하는 건 하나도 없는데 말이죠. 좀 더 쉽게 그리고 빨리 결정을 할 필요가 있는 것 같습니다."

필자는 먼저 의사 결정을 할 때 목표를 설정하라고 코칭했다. 그가 설정한 목표는 '올라온 이슈에 대해 다음 날까지 결정하기'와 '아주 중요한 사안이 아니라면 파트장에게 결정 위임하기'였다. 그 노력의 결과, 그는 비교적 의사 결정을 제때 내리게 되었고 팀의 구성원들은 이전보다 빨라진 의사 결정에 만족했다.

의사 결정 전의 검토 과정을 노출하라

앞서 제시한 사례들과 달리 의사 결정 속도가 아주 빠른 리더들이 있다. 이들은 '자신감이 있어 보인다', '속 시원해서 좋다'라는 긍정적인 평가를 받는 반면 '생각이 없다', '너무 경솔하다', '실수를 많이 한다' 같은 비판을 받기도 한다.

사실 이러한 유형의 리더들은 남들에게 보이는 것과 달리 신속한 결정을 내리기 위해 몰입해서 생각과 검토를 하는 경우가 많다. 차 타고 오가면서 생각하고 밥 먹으면서도 생각하고 자기 전까지도 사안을 검토한다. 문제는 남들 눈에는 이렇게 생각하고 검토하는 모습이 눈에 보이지 않는다는 사실이다.

이런 유형의 리더에게는 '전략적인 인식 관리'가 필요하다. 즉, 사안을 검토하는 과정을 구성원에게 되도록 노출시키는 방법이 좋다. 구성원들 앞에서 의도적으로 사안에 대해 물어보고 협의하는 모습을 보일 필요가 있다. 이렇게 함으로써 이 리더는 검토를 꼼꼼히 하면서도 의사 결정이 빠르다는 인식을 심어 줄 수 있다.

자신이 생각하기에 의사 결정이 너무 빠르다고 생각하는 리더들이 취할 수 있는 방법이 있다. 신중하게 의사 결정하는 사람을 주변에 두고 그의 의견을 한 번 더 듣는 것이다. 이렇게 하면 실수나 실패의 가능성을 상당히 줄일 수 있다.

간결하고 과감하게 결정하라

리더를 둘러싼 환경은 언제나 불확실하고 불투명하다. 이러한 불확실한 상황에 대한 두려움 때문에 의사 결정을 지연하는 리더가 많다. 문제는 그냥 미루기만 하는 게 아니라 그 과정에서 불확실성을 줄이기 위해 구성원에게 자료 보완을 계속해서 요구하는 것이다.

팀장은 자신 없는 지시를 내리고 구성원은 팀장의 불충분한 방향과 내용을 지레짐작해 보고서를 작성한다고 상상해 보자. 확신이 없는 리더는 구성원에게 거듭 보고서의 보완을 요구한다. 이 보고서는 수많은 검토와 수정이 이루어진 끝에 상부에 보고된다. 이후 임원 보고 과정에서 보고서는 또다시 대폭 수정된다. 때로는 구성원이 첫 번째 혹은 두 번째로 작성한 내용으로 돌아가는 경우도 발생한다. 수많은 보완과 수정 끝에 다시 처음으로 돌아가는 어처구니없는 상황이다. 이런 과정을 거치면서 수많은 버전의 보고서가 만들어진다.

필자는 최근에 대리급 구성원에게 이와 관련한 충격적인 용어를 들었다. 바로 '보고자료 버전 41'이다. 하나의 보고서가 41번이나 수정 보완되었다는 말이다. 물론 과장된 표현일 거라고 믿고 싶다. 그러나 자신 없는 팀장의 의사 결정이 지난한 과정을 만들고 알맹이 없는 결과를 낳는다는 은유로서 의미 있는 표현이라고 생각한다. 지난한 의사 결정 과정은 시간과 인력의 낭비로 이어지고 이로 인해 커다란 비용이 발생한다. 조직의 시간과 인력을 낭비하는 주체가 다른 사람도 아닌 리더라니? 리더는 조직의 시간과 인력의 낭비를 최소화해야 하는 사람이 아닌가?

자신이 내린 의사 결정을 자주 번복하는 리더, 자신이 없는 리더 때문에 끊임없는 문서 생산에 매달리는 구성원의 이야기를 들어보았다. "이 리더는 결정을 내려놓고도 상황이 조금만 바뀌면 쉽게 번복합니다. 찬성 의견만 열심히 듣고 추진하다가 반대쪽 이야기를 들으면 바로 번복해 버리죠. 그러다 보니 구성원은 헷갈리고 그 과정에서 시간과 노력의 낭비가 많아질 수밖에요. 결과적으로 실행이 지연되면서 적절한 시기를 놓치는 경우가 허다합니다."

또 다른 불만을 토로하는 구성원도 있었다. "리더가 줏대가 없고 귀가 얇아서 다른 사람 말에 너무 많이 의지합니다. 조직의 방향도 제시하지 않고, 업무 지시도 제대로 하지 않으면서 시간만 죽이는 유형이에요. 책임질 일을 하지 않고 상사 눈치만 보고 비위만 맞춥니다. 상사가 방향을 바꾸면 아무런 이견도 제시하지 않고 쉽게 따라간다니까요."

그들은 이런 리더를 더 이상 신뢰할 수 없으며 이 리더와 같이 일하고 싶지 않다고 토로했다. 그리고 계속되는 리더의 의사 결정 번복으로 인해 이제 어떤 일도 추진할 마음이 들지 않는다고 덧붙였다.

소신 없는 리더, 줏대 없는 리더가 조직에 미치는 악영향은 심각하다. 시간과 인력을 낭비할 뿐만 아니라 구성원의 의욕까지 저하시킨다. 이쯤 되면 소신과 줏대가 없는 리더가 조직을 망친다고도 말할 수 있다.

리더는 분명한 소신을 가지고, 간소한 절차를 통해, 과감하게 의사를 결정해야 한다. 나아가 만약 자신이 내린 결정으로 인해 결과가 잘못되었다면 책임지는 자세를 가져야 한다.

조금 부족해도 일단 실행하라

의사 결정 잘하는 리더들에게는 다음과 같은 공통점이 있다.

〈의사 결정 잘하는 리더들의 공통점〉

[공통점 1] 100% 완벽한 의사 결정은 없다는 사실을 안다

최대한 완벽해지기 위해 정보를 많이 수집하고 주변 사람과 상의하지만, 필요할 때는 완벽하지 않아도 결정을 내린다.

[공통점 2] 적절한 타이밍의 중요성을 안다

아무리 완벽한 결정이라도 타이밍을 놓치면 의미가 없다. 좋은 결정이란 주어진 시한 안에 제대로 내리는 결정이다.

[공통점 3] 결정이 잘못되었다고 깨닫는 순간 재빨리 수정한다

잘못된 의사 결정을 할 수는 있다. 그러나 잘못된 의사 결정을 바꾸기 싫어서 계속 고집을 피우고 밀고 나간다면 문제는 더욱 커지고 나아가 수습할 수 없는 지경에 이른다..

훌륭한 리더는 100% 확신이 들지 않더라도 합리적인 결정이라는 생각이 70% 정도 들면 과감하게 실행으로 옮긴다. 그리고 자신이 속한 조직의 구성원을 믿는다. 상사와 부하 직원들이 리더의 잘못된 의사 결정을 내버려 두지도 않거니와 약간의 문제가 발생해도 그들이 수습할 수 있다는 믿음을 가지고 있다.

다시 한번 강조하겠다. 가장 나쁜 리더는 결정을 내리지 않고 미루는 리더다. 그의 책상에는 결재하지 못한 서류들이 산더미처럼 쌓여 있다. 이 산더미가 곧 조직의 비용임을 깨달아야 한다.

리더 시프트

현재 조금 부족한 계획일지라도 일단 실행하자. 실행하면서 조금씩 수정하고 보완하며 목표에 도달하는 것이 미루는 것보다 낫다. 미국의 소셜 네트워크 서비스 회사 '페이스북'의 사무실에는 이런 말이 쓰여 있다고 한다. "Done is better than perfect(해 버리는 것이 완벽한 것보다 낫다)."

좋은 결정을 내리려면 정확한 보고를 받아라

자. 스스로에게 질문해 보자. '구성원이 제때 정보를 전달하거나 보고하는가?', '구성원이 밑바닥의 정보를 왜곡하지 않고 정확하게 전달하거나 보고하는가?' 만약 구성원으로부터 정확한 정보가 제때 제공되지 않는다고 생각한다면 지금 당장 아래의 리더십 스타일 재점검을 위한 질문을 스스로에게 던져 보아야 한다.

〈리더십 스타일 재점검을 위한 질문〉

A	구성원이 좋지 않은 정보를 보고할 때 어떻게 행동하는가?
B	그들이 충분히 이야기할 수 있도록 기다려 주는가?
C	원인을 찾는 데만 급급해 대책을 잘 협의하지 못한 건 아닌가?
D	구성원을 몰아붙이고 공포감을 주지는 않았는가?
E	좋은 이야기만 듣고 나쁜 이야기는 듣지 않으려 한 건 아닌가?

언젠가 회사에서 노무를 담당하고 있는 한 임원을 만났다. 그는 외모부터 말하는 스타일까지 카리스마가 물씬 느껴지는 사람이었다. 필자가 겉으로 보이는 그 리더의 문제점을 넘겨짚어서 물어보았다. "직원들이 상무님에게 보고를 잘합니까? 상무님을 무척 무서워할 것 같은데요."

그랬더니 그 리더가 필자의 손을 꼭 잡으면서 말했다. "사실 그 일 때문에 회사에서 잘릴 뻔했습니다. 당연히 보고해야 할 사안이 있었는데 자기들끼리 해결한다고 쉬쉬하다가 사건을 키워서 감당하기 어려울 정도까지 진행된 거죠. 나중에 알게 되어 수습할 때는 이미 일이 너무 커져 있었습니다. 나중에 팀장에게 왜 제때 보고하지 않았는지 물었어요. 그랬더니 돌아온 대답이 충격적이었습니다. '상무님 얼굴을 보고 좋지 않은 보고를 하는 게 너무 무서워서요. 제가 보고도 하기 전에 화부터 벌컥 내면 어쩌지 하고 도망가고 싶은 생각밖에 안 납니다.'"

이 리더는 이 말을 듣고 난 뒤에 많은 생각이 들었다고 했다. 리더가 제때 정확한 의사 결정을 내리는 일은 참 중요하다. 그리고 이를 위한 가장 중요한 전제 조건이 바로 정확한 정보를 제때 보고받는 일이다. 이 리더는 이 사실을 잘 알고 있었음에도 정확한 보고를 제때 받지 못했다. 그렇다면 어떻게 해야 제때 정확한 정보를 보고받을 수 있을까? 필자가 이 리더에게 제시한 구체적 방법을 여기에 공유한다.

리더 시프트

어떤 일을 보고해도 질책하지 않기

구성원이 어떤 일을 보고해도 질책을 받지 않는다는 믿음을 줄 것. 오히려 제때 보고하지 않는 구성원에게 책임을 물을 수 있음을 평소에 알려 주어야 한다.

구성원의 말을 끝까지 듣고 결정하기

어떤 사안에 대해서도 구성원의 말을 끝까지 듣고 결정을 내릴 것. 말을 끝까지 들어 주고 함께 고민하는 리더에게는 구성원이 다가온다. 리더가 들어 준다는 믿음이 있어야 정보가 실시간으로 공유된다.

사람과 문제를 분리하기

보고하는 사람과 보고되는 문제를 분리해서 다룰 것. 리더는 흔히 사람과 문제를 나누어서 생각하지 못하고 둘을 한데 묶어서 생각하기 쉽다. 그러다 보면 일이 아니라 사람을 비난하는 실수를 저지른다. 급하게 해결해야 하는 문제가 발생했을 경우, 사람의 문제로 돌리지 말고 해당 문제에 집중해야 한다.

문제의 해결책에 집중하기

이미 벌어진 일에 대해 원인을 찾기보다는 해결책을 만드는 일에 집중할 것. 먼저 문제를 해결한 다음에 원인을 찾아 같은 실수를 반복하지 않기 위해 학습하는 일이 중요하다.

리더가 위와 같은 네 가지 원칙을 따르면 구성원은 안심하고 제때 정확한 정보를 보고할 수 있다. 시기적절하게 받는 정확한 보고는 리더의 의사 결정에 큰 도움을 준다.

매몰비용의 함정에 빠지지 마라

많은 리더가 의사 결정을 할 때 '매몰비용의 함정'에 빠진다. 매몰비용이란 이미 지출되었기 때문에 회수 불가능한 비용이다. 그런데 사람들은 대부분 지금까지 들인 비용이 아까워서, 또는 실수나 실패를 만회하고 싶어서 과거에 매달리다가 결국에는 더 큰 비용을 치르기도 한다.

리더가 과거에 얽매이지 말고 미래를 위한 현명한 의사 결정을 내리기 위해서는 때로 과거의 비용을 '손절매'를 할 수 있는 용기가 필요하다. 현명한 의사 결정이라는 관점에서 보면 '회수 불가능한 비용'은 이미 없어져서 손댈 수 없고 달리 어찌할 도리가 없는 비용이다. 즉 리더의 의사 결정에 영향을 주어서는 안 되는 비용이다. 그럼에도 현실에서는 '본전' 생각에 올바른 결정을 내리지 못하는 경우가 너무 많다. 모두들 이론으로는 잘 알고 있다고 말하지만, 막상 현장에서는 이 오류에 빠지기 쉽다.

그렇다면 이 오류로부터 어떻게 하면 벗어날 수 있을까? 가장 좋은 방법은 잊어버리는 것이다. 과거를 털고 새출발하자. '본전' 생각하느라 그 비용에 계속 매달리다 보면 결국에 더 큰 손실을 보기 쉽다. 물론 쉽지 않은 일이다. 현명한 투자자가 때로는 과감한 '손절매'를 할 수 있듯 현명한 리더는 당장의 손해를 감수하고라도 미래와 손을 잡는다. 그 용기가 미래를 열어 준다. 과거에 매달리지 말고 미래를 바라보라.

3

리더에게는 자기희생, 실수 인정, 유연성이 필요하다

비즈니스 현장은 위기로 가득하다. 리더는 늘 어려운 상황, 답이 없는 상황에 놓인다. 이런 상황을 어떻게 헤쳐 나갈지는 오롯이 리더의 몫이다.

어려운 상황에서도 리더가 자신의 이익을 먼저 추구하지 않고 구성원에게 이익을 양보하는 모범을 보일 때 비로소 구성원은 움직인다. 그것도 자발적이고 능동적으로 움직인다.

모든 리더는 구성원들이 주도적으로 일하는 모습을 보여 주기를 원할 것이다. 그러나 사실 리더가 자기희생적 리더십을 행동으로 보여 준다면 구구절절한 말들을 붙여서 구성원들에게 요구할 필요가 없다. 구성원은 리더를 위해 뛰게 되고 기대 이상의 성과로 답하려 할 것이다.

존경받고 싶다면 솔선수범하라

1347년 영국 왕 에드워드 3세Edward III가 지휘하는 영국군에게 프랑스의 해변 도시 칼레가 점령당한다. 칼레에 승전의 깃발을 꽂은 에드워드 3세는 칼레의 모든 시민을 죽이려고 했으나 칼레 측에서 여러 번 사절을 보내고 측근들도 만류하자 마음을 바꾼다. 그 대신 조건을 내민다. "시민의 안전을 보장하겠다. 다만 시민 대표 6명을 뽑아 삭발을 시킨 다음 목에 밧줄을 감은 채 자루 옷을 입혀 보내라. 그들을 칼레 시민 전체를 대표해 처형하겠다."

이렇게 시민들을 대표해서 죽을 6명을 선발하게 되었는데 먼저 칼레시의 최고 부자 외스타슈 드 생 피에르Eustache de Saint Pierre가 죽음을 자처하고 나선다. 이어서 시장을 포함한 5명의 상류층 인사가 자원한다. 우리가 지금 오귀스트 로댕Auguste Rodin이 만든 조각상 「칼레의 시민Les Bourgeois de Calais」 속에서 볼 수 있는 6명의 시민들이 바로 이들이다. 이들은 시민들을 위해 기꺼이 자신의 목숨을 내놓는 용기와 결단을 보여 주었다. 이후 이들은 프랑스 출신 영국 왕비 필리파 에노Philippa of Hainault가 "이들을 처형한다면 배 속에 있는 아이에게 불길한 일이 닥칠 것 같다"고 에드워드 3세를 설득하면서 극적으로 풀려난다.

이 사건을 바탕으로 해서 나오게 된 말이 '사회 지도층의 도덕적 의무'를 뜻하는 '노블레스 오블리주noblesse oblige'라고 한다. 이 6명의 칼레 시민처럼 리더가 자기희생을 바탕으로 구성원과 조직을 위해 결단하는 모습을 보여 줄 때 구성원이 리더를 존경하면서 따른다.

또 있다. 150여 년 전에 있었던 한 사건은 자기희생의 본보기로서 오늘날까지도 여전히 언급되고 있다. 1852년 2월 27일 새벽 2시, 영국 해군의 대형 수송선 버큰헤드호는 남아프리카로 향하던 중 케이프타운 인근에서 암초에 부딪힌다. 이 배에는 군인 472명과 호주로 이주하는 일반 승객 162명이 타고 있었다. 암초에 부딪힌 배는 곧 침몰 위기에 처했는데, 남아 있는 구명보트는 3척뿐이었고 최대 180명의 인원만을 태울 수 있었다.

이런 상황에서 버큰헤드호 함장 시드니 시턴Sydney Seton 대령은 후대에 길이길이 남을 결정을 내린다. "우리는 조국과 국민을 위해 목숨을 바치기로 한 군인이다. 따라서 지금부터 어린아이와 부녀자가 먼저 퇴선한다. 제군들은 그에 합당한 행동을 보여라." 이 명령에 거부한 병사는 없었다. 더구나 그들은 일반 승객들이 질서 정연하게 퇴선할 수 있도록 도왔다. 그리고 배가 가라앉을 때까지 부동자세를 풀지 않고 구명보트를 바라보고 있었다.

시드니 시턴 함장과 병사들이 보여 준 자기희생 정신은 오늘날까지도 '버큰헤드 정신Birkenhead spirit'이라는 이름으로 입에서 입으로 전해진다. 많은 리더가 그 정신을 마음에 새기고, 영국인은 위기의 순간이나 어려움이 닥칠 때 "버큰헤드 정신을 기억하라"고 외친다.

앞에서 언급한 사례들과는 달리 자기희생과 솔선수범이라고는 전혀 찾아볼 수 없는 리더의 모습도 있다. 2016년 4월 22일 A해운은 산업은행에 구조조정에 해당하는 채권단 공동관리(자율협약)를 신청한다. 이후 불과 2거래일 만에 회사 주가가 30% 가까이 폭락하면서 주주들은 엄청난 손실을 입는다. 그런데 놀랍게도 A해운 회장과 그의 두 자녀는 어떤 손해도 보지 않았다. 채권단 공동관리를 신청하기 직전인 4월 20일까지 2주 동안 보유하고 있던 주식을 모두 처분했기 때문이다. 이와 관련해 2017년 12월에 열린 1심 선고에서 재판부는 A해운 회장에게 징역 1년 6개월과 벌금 12억 원, 추징금 5억 원을 선고하고 법정 구속했다.

자기희생은커녕 본인과 본인 가족만 살기 위해 지극히 이기적인 결정을 내린 A해운 회장의 사례와 노블레스 오블리주를 실천한 칼레의 시민, 버큰헤드 정신을 보여 준 버큰헤드호 함장의 사례는 너무나 뚜렷이 비교된다.

리더가 되는 일은 영광이면서 동시에 엄중한 책임을 받아들이는 일이다. 그것은 기쁨이면서 동시에 두려운 일이기도 하다. 리더의 길은 구성원들이 리더에게 기대하는 것이 무엇인지 자각하는 것으로부터 시작한다. 리더는 조직과 조직의 구성원, 투자자까지 보호하는 책무를 지닌다. 위기의 순간에 도망치는 사람은 리더가 아니다. 솔선해서 위기를 헤쳐 나가는 모습, 자기희생을 통해 자신보다 공동의 이익을 먼저 생각하는 모습을 보이는 리더. 우리 모두가 바라는 리더의 모습이다.

실수를 인정하는 용기를 가져라

1961년 4월 22일, 미국의 존 F. 케네디John F. Kennedy 대통령이 이른바 '피그만 침공'으로 알려진 쿠바 침공에 대해 설명하기 위해 공식 기자 회견장에 섰다. "침공을 계획한 건 미국 정부이며, 작전은 실패로 끝났다."

한 기자가 케네디에게 물었다. "왜 국무부는 아무 말도 하지 않고 있습니까?" 케네디는 이렇게 답한다. "추가적인 발표나 논의를 한다고 해서 책임을 면할 순 없습니다. 제가 이 정부의 최종 책임자이기 때문입니다. 성공하면 자신의 덕분이라고 나서는 사람이 100명이지만, 실패하면 책임을 지는 사람은 한 명밖에 없습니다. 제가 정부를 대표해서 책임을 지겠습니다." 이 같은 케네디 대통령의 깔끔한 인정과 사과로 사태는 진정되었고 대통령의 인기는 오히려 올라갔다.

피그만 침공에서 처절하게 실패한 케네디 대통령은 1962년 10월에 더 큰 시련에 직면한다. 소련의 지원 아래 쿠바에서 미국을 겨냥하는 미사일 기지가 건설되고 있었던 것이다. 케네디는 피그만 침공 사건의 실패를 교훈 삼아 의사 결정 시스템을 혁신한다. 자신과 가까운, 그래서 반대 의견을 제시하지 못하는 측근을 배제하고 외부의 최고 전문가 12명으로 팀을 구성해 그들에게 자문을 받기 시작했다. 그 결과, 3차 세계대전의 위험에서 벗어날 수 있는 현명한 해결책을 만들어냈다.

사람은 누구나 실수를 할 수 있다. 불확실성이 극도로 높아진 현대의 초경쟁 상황에서는 잘못된 의사 결정을 내리는 빈도가 더 높아질 수 있다. 관건은 기왕에 내린 의사 결정이 잘못되었다는 증거가 나오기 시작했을 때 얼마나 빨리 이를 인정하고 과감하게 수정하느냐 하는 데 있다. 이것이 조직의 운명을 결정한다.

본인의 의사 결정이 잘못되었음을 알게 된 리더에게 필요한 것이 무엇일까? 자신의 결정에 대한 잘못 혹은 실수를 인정할 수 있는 '용기'다. 용기 있는 리더만이 인정하고 한 발짝 물러설 수 있다.

1847년 헝가리 의사 이그나즈 제멜바이스Ignaz Semmelweiss는 동료 의사들에게 산모들의 목숨을 구할 수 있는 아주 쉽지만 획기적인 방법을 제시한다. "아이를 받기 전에 꼭 손을 씻어라."

제멜바이스는 산욕열로 사망한 여성들의 사망 원인을 밝히는 과정에서 충격적인 사실을 알아냈다. 의사의 손에 묻은 모종의 '병독'이 산모에게 옮겨진다는 것이었다. 제멜바이스는 이를 입증하기 위해 의대생들에게 아이를 받기 전에 염소 소독액으로 손을 씻으라고 말했고, 그 결과 산욕열로 인한 사망률이 급격하게 떨어졌다.

문제는 그의 말을 들은 동료 의사들이다. 그들은 제멜바이스가 제시한 방법과 증거를 수용하지 않았다. 왜 그랬을까? 이 간단한 방법을 인정하고 수용하면 그동안 자신들이 돌본 산모들의 죽음이 자신의 탓이었음을 인정해야 했기 때문이다.

당신은 지금 제멜바이스의 간단한 구명 방법을 거부한 의사들이 어리석게 보일 것이다. 그러나 당신이 그들과 달리 리더로서 어리석은 결정을 하지 않는다고 자신할 수 있는가? 사람들은 자신이 틀렸다는 증거에 직면하면 자신의 견해나 행동 방침을 바꾸기보다는 훨씬 더 완강하게 기존의 의견이나 결정을 정당화한다. 그것이 보통 사람의 심리다.

이런 경우에 사람들이 변명하기 위해 흔히 하는 말이 있다. "그 방법 말고는 내가 할 수 있는 일이 없었어", "내가 할 수 있는 최선이었어", "그 상황에서는 어쩔 수 없었어", "다른 사람들도 그 상황에서는 그럴 수밖에 없었을 거야!" 등이다.

이런 변명을 한다고 해서 일이 해결되거나 더 좋은 방법이 떠오를까? 오히려 자기 자신을 정당화하고 잘못이나 실수를 인정하지 않다 보면 빠져나올 수 없는 진창에 더 깊숙이 빨려 들어갈 뿐이다. 리더는 이럴 때 용기를 발휘해야 한다. 인정할 점은 과감하게 인정하고 고칠 점은 고치는 용기가 필요하다. 오늘 하루만 살 것인가. 우리에게는 내일도 있다. 현명한 리더는 과거의 잘못을 덮기 위해 변명하지 않고 미래를 위해 머리를 숙인다.

"내가 저지른 실수와 잘못을 인정하고 모든 책임을 지겠다." 이렇게 말하는 용기 있는 리더를 구성원들은 어떻게 평가하겠는가? 또는 당신의 상사가 "내가 내린 1차 결정에 문제가 있을 가능성이 있다는 사실을 알게 되었다. 본격적으로 일을 추진하기 전에 다른 의견을 듣고 싶다. 모든 가능성을 열어 놓고 토론해 보자"라는 말로 회의를 시작한다면 당신은 어떤 생각이 들겠는가?

많은 사람 앞에서 나의 실수나 잘못을 공식적으로 인정하는 일

리더 시프트

은 사실 굉장히 어려운 일이다. 어쩌면 죽기보다 더 어렵고 싫은 일일 수도 있다. 그러나 진정으로 훌륭한 리더는 이렇게 아무나 못하는 일을 해낼 때 탄생한다. 용기를 내자. 역사 속의 누군가가 아니라 바로 당신이 훌륭한 리더가 될 수 있다.

'초지일관'의 강박을 떨쳐라

인간에게는 묘한 본성이 있다. 자신이 과거에 내린 결정이 합리적이었고 최선이었다는 점을 과시하고 싶어 하는 본성 말이다. 인간은 가장 현명한 동물이지만 동시에 참 어리석은 존재이기도 하다. 자신이 내린 과거의 결정이 합리적이고 최선이었음을 입증하기 위해 미래를 희생하기도 한다. 이전에 내렸던 결정과 관계없이 객관적으로 결정을 해야 하는 상황에서도 과거 행동을 합리화하기 위해 어리석은 결정을 내린다.

필자가 과거 어떤 회사에서 근무하던 당시에 있었던 일이다. 야심 차게 추진했던 제품의 판매가 부진하자 그 회사는 미국에 있는 회사와 인수합병M&A을 시도했다. 그런데 결과가 좋지 않았다. 기존의 전문가들이 대거 회사를 그만두었을 뿐 아니라, 뒤늦게 출시한 신제품도 기대와 달리 판매가 부진했다.

이후 몇 년 동안 부진한 성적은 계속되었다. 시장 철수까지 검토했으나 결국 경영진은 계속 투자를 감행하기로 했다. 경영진은 왜 실패에도 불구하고 계속 투자하기로 결정을 내렸을까? 자신들이 이전에 내린 결정에 대해 실패를 인정하기 싫었기 때문이다. 그 결과 회사는 M&A 금액의 10배가 되는 금액을 투입하고도 좋은 성과를 내지 못하면서 인수한 회사는 결국 문을 닫게 되었다.

만약 경영진이 그때로 돌아갈 수 있다면 어떤 의사 결정을 내려야 할까? 과거 자신의 결정을 합리화하는 데 급급해하는 대신 유연성을 갖고 의사 결정을 해야 할 것이다. 제로 베이스에서 사고를 다시 시작해서 그 시점에서 가장 현명한 결정을 내려야 한다.

그런데 한국 사회에는 리더가 실수 혹은 잘못을 인정하고 합리적인 의사 결정을 하는 데 방해가 되는 문화적인 요소가 있는 듯하다. '초지일관初志一貫'이라는 사자성어나 '한 우물만 파라'는 속담으로 대변되는 '일관성'의 지나친 강조다.

'초지일관'이라는 사자성어는 일견 그럴듯하게 보이지만 일관성을 지나치게 강조하면 합리적이지 않은 결정에 집착하게 될 수도 있다. 시대가 변하면 속담도 바꾸어야 한다. 21세기 급변하는 디지털 시대에 수백 년 전 속담에 매달려 살 수는 없다. 오히려 '초지일관'해야 한다는 강박관념을 떨쳐내야 한다. '한 우물'을 팔 만큼 팠는데 물이 나오지 않으면 다른 곳을 파야 한다.

현대사회의 리더는 급변하는 상황을 늘 염두에 두고 자신의 결정이 잘못될 가능성을 항상 인식해야 한다. 새로운 정보나 증거가 나오면 과거의 결정을 재검토하는 유연성이야말로 이 시대의 리더가 갖춰야 할 가장 핵심적인 덕목 중 하나다.

SHIFT 4

사람 관리 방식의 시프트

리더십의 확장, 일을 넘어 사람으로

238명이 쓴 1만 2천 건의 일기를 연구한 결과, 일기를 쓴 사람의 기분이 좋은 날에 창의적 아이디어가 떠오를 확률이 50%나 증가했다. 또한 긍정적인 기분은 이월 효과도 있는 것으로 나타났다. 오늘 기분이 좋았다면 내일이나 모레 창의적인 생각이 떠오를 확률이 더 높았다.

테레사 아마빌레, 『창조의 조건』

1

사람의 마음을 얻는 리더가
성공을 보증한다

리더로 승진한 사람에게는 다양한 역할이 요구된다. 그중에서도 가장 중요하고도 가장 어려운 일이 사람 관리다. 리더의 사람 관리는 조직과 업무에 긍정적 영향도 끼치기도 하고 부정적 영향도 끼치기도 한다. 사람 관리야말로 리더가 되기 전에는 생각하지 못했던 일이며, 많은 신임 리더들이 가장 어려워하는 일이기도 하다.

리더의 사람 관리 방법에 대해 본격적으로 알아보기 전에, 리더의 사람 관리 방식에 따라 조직에 긍정적 영향과 부정적 영향을 준 사례를 검토해 보자.

먼저 리더의 사람 관리가 조직에 긍정적 영향을 미친 사례부터 보겠다. 중국 현지 법인 주재원으로 발령받고 부임한 리더가 있었다. 그는 부임하자마자 현지 직원과 적극적으로 어울리기 시작했다. 수백 명에 달하는 현지 직원의 이름을 전부 외웠다. 만날 때마다 일부러 이름을 불러 주었고 직원들의 생일을 챙겼다. 심지어 출장을 갔을 때는 주재원 신분으로서 좋은 호텔을 이용할 수 있는데도 현지 직원과 같은 숙소를 사용했다.

지금까지의 다른 주재원들이 현지 직원들과 의도적으로 거리를 둔 것과 달리 이 리더는 무엇이든 현지인과 함께하려고 노력했다. 그들 사이에 파고들었고 개개인과 인간적 관계를 맺었다. 리더의 이런 노력에 현지 직원들도 서서히 마음을 열었고 나아가 감동했다. 그는 이런 좋은 평판을 바탕으로 업무에서 큰 성과를 얻을 수 있었다.

이 사례와는 달리 리더의 사람 관리가 조직에 부정적인 영향을 끼친 사례도 있다. 이 사례의 리더는 오직 일만 생각하여 본인 생각에 부족하다 싶은 구성원을 교체하거나 제거하려고만 생각하는 사람이다. 이 리더는 몇 가지 사안에서 한두 차례 본인이 이끄는 조직과 잘 맞지 않는 모습을 보인 구성원은 다른 부서로 보내 버리거나 그냥 무시해 버렸다. 구성원을 성과 달성을 위한 도구로만 보았기 때문이다.

많은 사람과 함께 일하다 보면 마음에 들지 않는 사람도 생기기 마련이다. 이때 해당 구성원에게 피드백과 기회를 주고 그를 성장시키려고 노력하는 사람이 좋은 리더다. 이 사례처럼 리더가 구성원에 대한 생사여탈권을 가지고 있다고 해서 자신의 권한을 쉽게 행사하면 구성원은 불안해하고 긴장하게 된다. 그 결과 많은 부작용이 발생한다. 무엇보다도 구성원이 스스로 의사 결정을 지체하는 상황이 발생할 수 있다. 이런 리더의 지휘 아래 일하는 구성원들은 리더에게 배척당하지 않으려고 결재 하나를 받는데도 자료를 과도하게 많이 준비하고, 오랫동안 생각하고 검토한다. 결재받을 때마다 공포와 긴장에 사로잡힌다. 이런 상황이 반복되면 극도로 예민해지고 지치게 된다. 이런 조직에서는 좋은 성과가 나올 수 없다.

자. 리더가 사람 관리를 하는 이유는 무엇인가? 리더가 자신에게 부여된 역할을 행하고 성과를 만들어 내기 위해서는 구성원들의 협조가 필수적이기 때문이다. 리더의 개인 능력이 아무리 출중하다 하더라도 혼자서는 제대로 일할 수도 없고 성과를 낼 수도 없다. 리더는 구성원과 같은 목표를 공유하고, 함께 일하고, 함께 성과를 내고, 함께 성장해야 한다. 따라서 리더는 늘 구성원들에게 관심을 가지고 그들이 가진 강점을 발견하고 혁신함으로써 개개인의 장점과 조직의 업무를 연결해야 한다. 그러기 위해서 새로운 리더들은 무엇을 해야 할 것인가? 이것이 이 장에서 다룰 주제다. 즉, 새로운 리더가 익혀야 할 사람 관리 방식의 시프트이다.

사람의 마음을 움직여라

리더가 구성원 개개인을 어떻게 바라보고 그들을 어떻게 관리하는지에 따라 조직의 성과가 달라진다. 만약 당신이 축구 팬이라면 맨체스터 유나이티드의 알렉스 퍼거슨 감독을 잘 알고 있으리라. 축구팬이 아니라 해도 박지성 선수가 뛰던 시절의 맨체스터 유나이티드의 감독을 떠올려 보면 기억이 날지도 모르겠다. 그는 27년 동안 감독으로 일하면서 잉글랜드 리그 우승 13회, 이 밖의 다른 국내외 주요 대회 우승 25회라는 성과를 이루어 낸 사람이다.

이처럼 축구 역사에 한 획을 그은 감독이었기에 그가 은퇴를 결정했을 때 많은 사람이 아쉬워했다. 그의 밑에서 선수 생활을 한 선수들부터 구단 관계자, 팬들까지 모두 그를 칭송했다. 그는 어떻게 해서 이렇게 뛰어난 성과를 거두는 동시에 모든 사람에게 사랑받을 수 있었을까? 여러 가지 비결이 있었겠지만 가장 중요한 비결로 꼽히는 것이 그의 사람 관리 능력이다.

퍼거슨에게는 사람에 대한 관심이 리더십의 원천이다. 그와 함께 생활한 사람들이 거의 공통적으로 하는 말이 있다. "그는 구단의 주요 인사는 물론이고 유니폼 판매 직원, 청소부, 매점 판매원 등의 이름까지 모두 외우고 그들에게 인사를 건네려고 노력한 사람이다." 어떤 선수는 10년 전에 만난 자신의 부인 이름까지 말하는 퍼거슨 감독에게 깜짝 놀랐다고 말한 적도 있다.

퍼거슨 감독의 사람 관리 철학 역시 사람에 대한 그의 관점을 볼 수 있는 중요한 단서다. 앞서 3장에서 퍼거슨은 절대로 공개적인 장소에서 선수들을 혼내지 않는다고 언급한 바 있다. 그는 그렇게 하는 감독은 감독의 자질이 없는 사람이라고 말했다. 다시 말하자면 리더 자격이 없는 사람이라는 뜻이다.

리더 시프트

퍼거슨이 축구에 대해 정의한 말을 보면 그의 확고한 철학을 엿볼 수 있다. "사람들은 형이상학적인 용어와 전술로 축구를 설명하려고 애쓰지만, 축구는 살아 있는 유기체다. 즉 축구도 결국 사람이 하는 것이다." 축구를 잘할 수 있는 비결은 사람의 마음을 움직이는 것이라는 의미이리라. 이 말은 비즈니스 현장에서 좋은 성과를 내려고 고민하는 리더에게도 그대로 적용할 수 있다고 본다.

마음을 얻으려면 시간을 들여라

리더로서 성공하기 위해서는 사람의 마음을 얻는 일이 필수다. 사람의 마음을 얻기 위해서는 어떻게 해야 할까. 일단 그 사람에 대해 잘 알아야 한다. 그래야 그 사람을 잘 이해할 수 있고, 이해하고 나면 그 사람 마음을 어떻게 얻을지 답이 나온다.

그런데 다른 사람을 정확하게 이해하는 일은 매우 어렵다. 우선 많은 시간을 그와 함께 보내야 한다. 함께 있는 시간이 쌓이고 쌓여야 비로소 조금씩 알아가고 이해할 수 있다. 따라서 리더가 구성원을 이해하려면 구성원과 끊임없이 접촉해야 한다. 사람을 얻는 일은 쉬운 일이 아니다. 오랜 정성과 노력이 필요한 일이다.

'눈에 보이지 않으면 마음도 떠난다'는 말도 있다. 사람들은 자신에게 정성을 기울이는 사람, 자기 말을 잘 들어 주는 사람, 자기 말에 긍정적인 반응을 보이는 사람에게 마음을 연다. 가능하다면 구성원 한 사람 한 사람과 함께 보내는 시간을 늘리자. 그리고 그 자리를 구성원의 말을 들어 주고 공감해 주는 자리로 만들자. 그러나 주의할 일이 있다. 함께 하는 시간이라고 해 놓고서 리더 혼자 일방적으로 이야기하고 훈계하거나 교훈을 주려는 자리가 되어서는 역효과만 난다.

그렇다면 구성원과 함께하는 시간에는 무엇을 하는 게 좋을까? 무엇보다도 구성원의 목표와 꿈을 물어보는 것이 좋다. 그들이 장래에 무엇을 하고 싶은지, 조직 내에서는 어떤 꿈을 갖고 있는지, 무슨 일을 하면 가슴이 뛰는지를 물어보고 함께 이야기하라. 업무 이야기만 하는 건조한 자리가 아닌, 구성원 개인과 밀접한 대화를 통해 인간적인 교감을 서로 나눌 수 있는 자리가 되게 하라. 구성원은 현재의 자신을 인정해 주고, 나아가 자신이 꿈꾸는 미래에 대해 세심하게 살펴 주는 리더에게 마음을 열 것이다.

구성원과 만남의 자리를 가졌다고 해서 끝이 아니다. 계속해서 구성원에게 시간을 투자하고 관찰해야 한다. 그의 강점은 무엇이고 보완점은 무엇인지, 중요한 의사 결정이 필요할 때 어떤 판단을 내리는지, 다른 구성원과의 관계는 어떤지 등을 살피자. 그리고 이를 바탕으로 해당 구성원에게 적합한 업무를 배정하자. 가장 좋은 리더는 구성원의 강점과 역량 등을 면밀하게 검토해 그들이 잘할 수 있는 업무를 배정하는 사람이다.

'사람'을 살펴라

구성원 육성에 많은 시간을 투자하는 리더가 있었다. 이 리더는 중간관리자에게 리더십의 요체는 사람의 마음을 얻는 데 있다고, 사람을 늘 살피라고 말했다. 그가 어느 날 이런 이야기를 했다. "코치님, 얼마 전에 후배를 향한 선배의 관심이 한 사람의 목숨을 살린 일이 있었습니다. 조금 부끄럽지만 제가 늘 강조하던 사람 우선의 철학이 잘 작동한 것 같아서 뿌듯합니다."

사연은 이랬다. 개인사로 인해 회사에서 불안정한 심리적 상태를 보이던 신입 사원이 극단적 선택을 암시하는 듯한 쪽지를 써 놓고 사라진 것. 그런데 그 신입 사원이 불안 증세를 보이기 시작한 뒤로 늘 주의 깊게 바라보고 있던 옆자리 선배가 다행히도 그 쪽지를 빨리 발견하고, 옥상 구석에서 그 후배를 찾아내서 위기를 막을 수 있었다.

필자는 평소 그 회사가 사람을 우선하고 배려하는 조직 문화를 갖고 있었기에 동료에 관심을 가질 수 있었고, 나아가 불행한 사태를 막을 수 있었다고 본다. 리더의 조직 운영 방침과 사람에 대한 철학이 좋은 영향을 미쳤다고 할 수 있다.

또 다른 사례 하나. 임원 승진은 되지 않고 그렇다고 해서 회사에서 마음대로 내보낼 수도 없는 이른바 고참 부장들을 한곳으로 모아 일하게 하는 기업들이 있다. 좋게 말해 후배들에게 팀장 자리를 물려준 사람들로 구성된 조직이지만 실질적으로는 하는 일이 없는 경우가 대부분이다. 사실 대부분 회사의 리더들은 이런 유형의 부서를 무시하고 관심을 두지 않는 것이 현실이다. 그런데 지금 사례로 든 이 조직의 리더는 이 부서 사람들에게 관심을 가지고 무언가를 시도하기 시작했다.

"유심히 지켜보면서 면담해 보니 일부 부장들은 능력도 있고 일하려는 자세도 제대로 되어 있는 사람들이었어요. 이처럼 일할 의지가 있는 사람들을 그대로 방치할 수는 없었죠. 그래서 경험 많은 고참 부장들이 혁신 업무나 후배 육성 업무를 수행하도록 도와주었습니다."

이렇게 해서 이 조직의 구성원들은 주어진 업무를 자신들의 존재 가치를 인정받는 기회로 여기고 열정적으로 일을 했다. 그들은 이 일에서 성과를 내는 동시에 성취감도 느낄 수 있었다. 또 조직은 조직대로 나름의 성과를 얻을 수 있어서 윈-윈 게임이 되었다. 사람을 포기하지 않고 존중하는 리더가 사람을 살리고 조직도 살린 사례라 할 수 있다.

지속적인 진정성을 보여라

본사에서만 일하다가 공장으로 자리를 옮긴 한 리더가 있었다. 며칠 일을 하다 보니 공장의 문제점이 보이기 시작했다. 공장에 강한 군대식 문화가 뿌리박혀 있는 것이었다. 공장의 조직 문화가 직위에 따른 엄격한 명령 체계로 되어 있어서 사원들이 팀장이나 임원과 이야기하는 일 자체를 어려워했다. 당연히 조직 분위기는 상당히 경직되어 있었고, 구성원 모두가 새로운 시도를 기피하고 보수적으로 일을 처리하는 데 매우 익숙해져 있었다.

공장에 새로 부임한 리더는 이런 상황을 타파하기 위해 먼저 180명에 달하는 공장의 전 직원들과 약 4개월에 걸쳐 일대일 면담을 진행했다. 충분한 시간을 가지며 그들의 고민과 제안 사항 등을 경청했다. 그들이 말한 제안 사항 중에서 가능한 일은 최대한 실행에 옮겼고, 불가능한 일에 대해서는 그 이유를 설명했다. 이 과정에서 구성원들은 리더가 자신들을 부하 직원이기 이전에 조직을 위해 함께 일을 하는 동료로 인정하게 되었다는 사실을 알게 되었다. 이 면담으로 인해 구성원 개개인과 리더 사이에 신뢰가 쌓일 수 있었다.

나아가 이 리더는 구성원에게 자신감을 심어 주기 위해 노력했다. 평소 푸대접을 받고 있다고 생각하고, 위축되어 있고, 시키는 일만 소극적으로 하던 구성원들이 자신들의 업무를 주도적으로 할 수 있도록 위임했다. 업무 과정에서 소소한 간섭을 배제함으로써 일을 처음부터 끝까지 자기들의 손으로 직접 달성하게 하여 구성원들의 사기를 진작시켰다. 그는 이 과정에 대해 이렇게 말했다. "이 사람들이 공장 구석구석을 알고 있어요. 사실 무엇을 해야 할지도 가장 잘 알고 있지요. 그래서 제가 이 사람들에게 일에 대해 물어보고, 그들이 직접 실행할 수 있도록 도와준 게 전부입니다. 그리고 공장 특성상 주말에 일해야 하는 구성원도 많이 있어요. 1

년 넘게 이들에게 문자를 보냈습니다. '고맙다. 건강 유의하고 조심
해서 일해라.' 이렇게 지속적으로 관심을 보여 주니까 구성원들이
믿어 준 것 같습니다."

사람의 마음을 얻는 일은 쉽지 않지만 정성을 가지고 노력하는
사람에게는 그리 어렵지도 않은 일이다. 우선, 진정성을 가지고 사
람을 대할 것. 그리고 이 진정성을 지속할 것. 이 리더는 지속적으
로 진정성 있게 구성원을 대하면서 구성원의 마음을 열고 결국 조
직 문화까지 바꿀 수 있었다.

기존의 문화를 존중하라

승진하면서 새로운 조직의 리더가 되는 경우도 많다. 이럴 때 리
더는 빨리 성과를 내기 위해 기존의 조직을 문제점 덩어리로 인식
하고 문제없는 관행까지 싹 다 뜯어고치려고 하는 '의욕 과다'를 주
의해야 한다.

어려운 상황에 빠진 조직에 리더로 부임한 사람이 있었다. 그 조
직은 두 조직을 하나로 합쳐 재편한 조직이었고, 그 조직에는 기존
에 조직을 이끌던 리더 두 사람이 사실상 강등당한 상태로 남아 있
었다. 새로 부임한 리더는 나름대로 기존 구성원을 배려하고 존중
하는 모습을 보이려고 노력했다.

그러나 구성원이 보기에는 그렇지 않았던 모양이다. 그들 역시

리더 시프트

많은 어려운 환경에도 불구하고 노력했는데, 새 리더가 그런 부분에 대한 인정은 하지 않고 급격한 변화만 추구한다고 느낀 것이다. 즉, 그들은 자신들이 한 일이 모두 부정당했다고 느꼈다.

감정이 상할 대로 상한 기존 리더들(실질적으로 강등당한)은 조직을 변화시키려는 새 리더의 노력에 매우 미온적인 태도를 보였다. 어디 한번 잘 해보라는 식이었다. 이런 상황에서 한 사람이 새 리더에게 이메일을 보내왔다. '당신의 리더십 스타일이 너무 강하고, 과거의 관행과 문화에 대한 인정이 부족하다. 중간 리더인 우리의 체면과 권위를 살려 주면 좋겠다'는 요청이었다.

이 리더는 필자에게 이런 경우에는 어떻게 해야 하는지 도움을 요청했다. 우리는 가장 현명한 방법을 고민하면서 우선 그 사람들, 즉 기존의 구성원들의 입장에서 생각해 보기로 했다. 우리가 함께 만들어 낸 대책은 다음과 같다. '새로 일을 시작한 리더는 일단 조직의 기존 문화와 관행 그리고 일하던 사람들을 존중하고 배려해야 한다. 먼저 기존 구성원에게 리더로서 인정을 받고 나서야 성과를 낼 수 있다.'

이 솔루션을 들은 그는 먼저 기존의 리더 두 사람을 만나 그 사람들의 이야기를 충분히 경청하는 기회를 가졌다. "코치님, 그들의 이야기를 들어 보니 생존에 대한 스트레스를 많이 받고 있었습니다. 본인들의 존재 가치를 인정받고 싶다고 이야기하더라고요. 그들이 그렇게 생각할 줄은 미처 몰랐습니다."

사람에 대한 판단은 신중하게 해라

사실, 리더가 모든 구성원을 일일이 직접 평가하기는 어렵다. 특히 조직의 규모가 큰 경우에는 중간관리자들이 구성원을 평가하고, 리더는 그 결과만으로 최종적으로 확인하는 경우도 많다.

상상해 보자. 중간관리자가 당신에게 어떤 구성원이 일을 잘하지 못한다며 그에 대해 매우 낮은 평가를 보고한다. 심지어 더 이상 그를 배려할 수 없다며 그 구성원을 다른 부서로 옮겨 달라고 말한다. 이때 당신은 어떻게 할 것인가. 중간관리자의 말을 그대로 받아들여 더 생각해 보지 않고 전출을 지시할 것인가?

필자는 앞에서 구성원에게 업무를 위임하라고 여러 번 말했다. 그렇지만 사람과 관련된 일에서만큼은 리더는 신중하고 또 신중해야 한다. 중간관리자의 말을 못 믿어서가 아니라, 다른 여지는 없는지, 다른 시각으로 볼 수는 없는지 최종적으로 점검할 필요가 있다.

구성원에게 한 번 더 관심을 기울였더니 처음에는 예상하지 못했던 좋은 결과가 나온 사례가 있다. 이 리더는 중간관리자에게 낮은 평가를 받은 구성원과 직접 면담을 해 보았다. 그는 그 구성원에게 하고 싶은 일은 무엇인지, 특별히 정한 목표는 있는지 묻고, 함께 목표를 이루기 위한 구체적인 계획을 협의해 나갔다.

그 리더는 이 과정에서 해당 구성원이 일할 의지가 있으나 자신에게 맞는 역할을 아직 찾지 못했음을 알아냈다. 이후 그에게 맞는 역할과 방향을 제시했고, 구성원은 그 방향으로 자신의 길을 만들

리더 시프트

어 가며 업무에서도 성과를 낼 수 있었다.

바쁜 관리자가 시간을 내어 이런 자리를 마련하는 일이 귀찮고 어렵게 느껴질 수도 있다. 그러나 구성원에게 다시 한번 기회를 주고자 하는 마음이 있다면 충분히 할 수 있는 일이다.

당신이 관장하는 조직의 구성원 중에 문제가 있는, 혹은 문제가 있다고 판단되는 구성원이 있는가? 그렇다면 직접 만나 이야기를 들어 보자. 이 과정에서 구성원을 달리 볼 수 있는 여지는 상당히 많다. 사람에 대한 판단과 결정은 몇 번을 다시 고려해도 지나치지 않다.

손해 보고 잊어버려라

『주역周易』에 '손상익하損上益下'라는 말이 나온다. '위에 있는 것을 덜어서 부족한 아랫부분을 채우라'는 뜻이다. 공평함 혹은 아래위의 연대가 중요하다는 말일 것이다.

총명하고 사리에 밝은 왕으로 잘 알려져 있는 조선 제22대 왕 정조는 이 손상익하라는 말에 대해 조금 다르게 해석했다. '윗사람이 손해를 좀 보고, 아랫사람에게 이익이 돌아가야 한다.' 다시 풀이하면, '많이 가진 사람들이 조금 더 손해를 볼 때 덜 가진 사람들이 이익을 볼 수 있으며 그런 세상이 아름답다'라고 표현할 수 있다.

구성원들은 리더의 일거수일투족을 지켜본다. 리더가 무슨 말을 하는지, 어떤 행동을 하는지 말이다. 특히 어떤 상황에서 리더가 자신의 이익을 우선하는지, 혹은 리더 자신은 조금 손해를 보더라도 구성원을 먼저 위하는지에 관심이 많다.

자신이 손해를 본다 하더라도 구성원의 이익을 챙겨 주는 리더에게 구성원은 감동한다. 훗날 구성원들 사이에서 회자되는 리더는 바로 이런 사람이다. 거창한 것이 아니어도 좋다. 작은 혜택이라도 구성원에게 먼저 돌아갈 수 있게 마음을 쓰는 것, 바로 이것이 리더의 마음이다.

매일매일 엄청난 양의 일을 하는 영업 책임자를 만난 적이 있다. 그는 격무에 시달리고 있음에도 독특한 철학을 가지고 열정적으로 일하는 모습을 보여 지금도 기억에 뚜렷하게 남는다. 그가 한 말이 있다. "매일매일 손해를 봐라. 연말에 큰 이익을 볼 것이다. 내가 매일매일 손해를 볼 때 나로 인해 이익을 본 사람은 나를 기억할 것이다."

또 그가 한 말 중에 리더들이 기억하고 실천하면 좋은 말이 있어 여기에 옮겨 본다. "받기 전에 주는 사람이 되어라. 그리고 받지 못하더라도 용서하고 잊어버리는 리더가 되자." 우리 사회에는 'Give and Take'라는 말이 통용되고 있다. 이 정도는 이미 많은 사람이 실천하고 있다. 리더는 여기서 한발 더 나아가서 'Give and Forget'의 자세를 갖추어야 한다. 리더는 자신을 크게 주는 사람Great giver으로 규정하는 게 좋다.

2

리더의 공감이
사람을 살린다

어느 날 우연히 라디오를 듣게 되었다. 이날 DJ 정선희는 "내 편을 들면 안 되는 시기에 김제동이 '네 탓이 아니다'라며 내 편이 되어줬다"며 말문을 열었다. 이어서 그는 "그래서 당시에 김제동은 욕을 많이 먹었지만, 그 말 한마디가 2년 동안 나를 버티게 해 줬고 살라고 붙잡아 줬다"며 김제동을 향해 감사의 말을 전했다.

이에 듣고 있던 김제동은 "나도 음식물 쓰레기와 주차 문제로 부녀회장이랑 다툰 적이 있는데 너무 분하고 억울해서 이 마음을 나눌 존재가 필요했다"고 말을 꺼냈다. 이어 그는 "그때 남자들은 '당구 칠래?', '야구 볼래?' 하며 내 말을 들어 주지 않았지만, 우리 여자 스타일리스트에게 전화했더니 바로 '(부녀회장 집이) 몇 호입니까?' 그러더라. 그때 이미 마음이 사르르 풀렸고, 내가 '알면 뭘 어떻게 할 건데?'라고 묻자, 스타일리스트는 '그 집 앞에 큰일을 볼 거예요!'라고 이야기해 폭소한 적이 있다"며 과거를 회상했다. 그 스타일리스트는 공감이 필요한 사람에게 공감해 준 것이다.

김제동은 이런 말로 그 이야기를 마무리했다. "그 일이 물론 도덕적으로 옳진 않지만 어떤 상황에서도 내 편이 되어 주는 사람의 말 한마디가 참 소중하고 중요하다는 걸 느꼈다."

공감에서 비롯된 한마디가 이렇게 큰 힘을 발휘한다. 문제는 이런 공감이 그리 쉽게 이루어지지 않는다는 점이다. 많은 리더가 구성원과 공감하는 대화를 나누지 못하고 리더 자신의 기준에 맞춰자기 말만 한다.

한 구성원이 찾아와 이렇게 말한다. "팀장님, 요즘 많이 힘듭니다." 당신이라면 뭐라고 대답할 것인가? 보통의 리더들은 이렇게 말할 것이다. "그럴 때는 이런 방법을 써 봐. 그러면 괜찮아질 거야." 또는 이렇게 대답할 수도 있다. "뭐가 힘드냐? 다른 사람도 그정도는 다 견뎌내고 있어."

우리는 공감하기 전에 판단하고, 충고하며, 쉽게 대안을 제시한다. 구성원은 꼭 문제를 해결할 방법을 찾기 위해 리더를 찾아온것일까? 그렇지 않을 수도 있다. 단지 공감받고 싶다거나, 자신이지금 힘들다는 사실을 리더가 좀 알아주길 바랄 수도 있다. 그러니일단은 판단하지 말고, 해석하지 말고, 충고하지 말고, 구성원의 마음을 있는 그대로 알아주는 노력을 해 보자. 먼저 공감해 준 다음에 질문해도 늦지 않다. "그래. 힘들었구나! 정말 고생했네. 혹시 내가 뭘 해 주면 좋을까?" 때로는 그냥 구성원의 말을 가만히 들어 주며 함께 있어 주는 것만으로도 최고의 공감이 될 수 있다.

타인의 고통을 함께하라

필자는 'compassion'이라는 영어 단어를 좋아한다. 이 단어의 사전상 의미는 동정, 연민, 측은하게 여기는 마음이다. 'passion'은 '열정'이라는 뜻도 있지만 '고통', '아픔'이라는 의미로도 사용된다. 그리고 'com'은 '함께'의 의미로 사용된다. 종합하면 'compassion'은 다른 사람의 고통과 아픔을 함께 느낌을 의미한다.

다른 사람의 고통과 아픔을 함께 느끼는 능력이 공감 능력이다. 사실, 원내의 리너에서 이 능력은 아주 중요한 능력이다. 많은 현대인이 자신의 고통이나 아픔을 드러내지 못하고 속앓이하면서 마음의 병을 얻고 있기 때문이다.

그런데 문제는 공감 능력의 필요성을 느끼지 못하고 있는 리더들이 의외로 많다는 점이다. 필자가 만난 한 리더도 이런 유형이었다. 그는 매일매일 성과를 달성하기 위해 애쓰고 있는 성과 일변도형 리더였다. 그에게 '공감'이라는 주제를 던졌다. 돌아온 대답은 과히 충격적이었다. "회사를 좋은 말 나누려고 옵니까? 회사는 일하는 곳이고 성과를 만들어 내는 곳입니다. 그런 약한 소리 할 시간이 없습니다."

맞는 말이다. 회사는 일하는 곳이고 성과를 내는 곳이다. 그런데 행복하게, 즐겁게 일하면 성과가 안 날까? 그렇지 않다. 즐겁고 행복하게 일할 때 조직에 긍정적인 효과가 나타나고 궁극적으로 더 많은 성과를 이루어 낸다는 연구 결과가 많다.

리더가 구성원의 고통을 함께 나눌 때 구성원은 자신이 처한 문제를 극복하는 힘을 얻기 쉽고, 그 힘은 그 사람의 행복으로 연결된다. 행복한 구성원이 뿜어내는 긍정적인 에너지와 주체적으로 일하는 모습, 그들이 만들어 내는 창의적인 아이디어를 상상해 보자. 리더의 공감 능력은 이 모든 것을 가능하게 해 주는 커다란 힘이다.

'공감 결핍증'을 경계하라

직장 생활을 하다 보면 여러 유형의 리더를 만나게 된다. 필자도 여러 기업에 다니면서, 그리고 임원 생활을 하면서 참 다양한 리더를 만났다. 그들 가운데는 훌륭한 리더도 많았지만, 사실은 고약한 리더도 많았다.

회의할 필요가 없어 보이는데도 일부러 새벽 일찍이나 금요일 저녁에 회의를 잡는 리더, 회의 석상에서 구성원이 보는 앞에서 중간 간부를 심하게 질책하고 인격 모독 수준의 말을 하는 리더, 이해되지 않고 불합리하게 보이는 지시에 대해 구성원이 질문하면 자기 말에 토를 단다고 화내는 리더, 심지어 자신의 360도 진단에 나쁜 점수가 나왔다고 낮은 점수를 준 구성원을 색출하는 데 혈안이 된 리더도 보았다.

이들이 승진해서 더 높은 자리로 올라가면 올라갈수록 구성원은 리더가 무서워서 직언하지 못하고 그 사람이 듣기 좋은 이야기만 하게 된다. 그리고 그럴수록 리더는 점점 더 스스로를 객관적으로 돌아보기 어려워지고, 구성원의 감정과 생각을 이해하기 힘들어진다. 즉, 리더가 구성원의 감정에 공감하지 못하고 구성원과 따로 놀게 되는 것이다. 이것이 바로 많은 리더들이 겪는 '공감 결핍증'이다.

지위가 높은 리더일수록 이 공감 결핍증에 빠질 위험이 크다. 이유는 단순하다. 리더의 지위가 높아질수록 구성원이 솔직한 이야기를 건네기가 어렵고, 또 그렇게 하는 사람들의 수도 줄어들기 때문이다. 특히 평소 구성원과 유내가 적고, 구성원이 무서워할 만한 행동을 자주하는 리더라면 구성원의 솔직한 이야기를 듣기가 더욱 어렵다. 누가 위험을 감수하고 올바른 소리를 할 수 있겠는가.

그런데 리더가 구성원에게 공감하지 못하면 어떤 일도 그들과 함께 제대로 도모할 수가 없다. 그렇다면 리더가 공감 결핍증에 빠지지 않기 위해서는 어떻게 해야 하는가.

하버드 경영대학원의 빌 조지Bill George는 '직언 모임true north group'을 만들거나 그 모임에 들어가는 방법이 도움이 된다고 말한다. 직언 모임이란 나를 잘 알고 있는 사람들에게 솔직한 피드백을 받을 수 있는 자리이다. 말 그대로 나의 잘잘못을 솔직하게 짚어 줄 수 있는 사람들과 만나는 자리이다.

당신을 부담 없이 대할 수 있는 (아마도 회사 바깥의) 친구들과 비공식 그룹을 만들어 그들에게 솔직한 이야기를 들어 보는 것도 공감 결핍증에 빠지지 않게 하는 좋은 방법의 하나다. 필자는 특히 배우자가 있는 리더라면 배우자에게 솔직한 피드백을 듣기를 권한다. 그 또는 그녀는 당신과 오랫동안 함께해왔고, 당신이 어떤 면에서 개선이 필요한지, 당신에게 어떤 좋지 않은 습관이 있는지 가장 잘 알고 있으며, 이를 부담 없이 있는 그대로 말해 줄 수 있다.

필자는 임원 코칭 시간에 이렇게 말하곤 한다. "리더가 더 성장하고 리더십을 더 확장하기 위해서는 본인의 모습을 정확하게 알려 줄 수 있는 거울이 필요합니다. 당신의 배우자가 그 역할을 가장 잘할 수 있는 사람입니다. 오늘 집에 가서 물어보세요. 내게 무엇이 더 필요하고, 무엇을 하지 않으면 좋을지 말이죠."

공감 결핍증에 빠지지 않는 리더는 어떤 리더일까. 혹시 회사 안에서 먼저 다가서서 살갑게 말을 걸거나 기분 좋은 농담을 던지는 리더를 본 적이 있는가? 직원들이 있는 테이블에 함께 앉아 커피를 마시거나 간식거리를 들고 와서 말을 건네는 리더를 본 적이 있는가? 필자는 바로 이들이 그런 사람들이라고 생각한다.

리더의 자리가 아니라 구성원의 자리에 가서 가볍게 대화하고 필요하면 그 자리에서 결재해 주는 리더, 구성원이 리더에게 솔직하게 말해도 괜찮은 조직 문화를 만드는 리더는 공감 결핍증에 빠지지 않는다. 그리고 이런 리더와 함께 일하는 구성원은 행복하다.

3

감성 리더십,
구성원을 감동시킨다

    미래학자 앨빈 토플러Alvin Toffler는 "지식 정보화 시대로 대표되는 21세기는 지식knowledge 못지않게 감성emotion을 중시하는 사회다"라고 강조한 바 있다. 그의 지적처럼 지식사회로 진화할수록 지식을 통해 구축한 시스템이나 제도로는 해결할 수 없는 문제가 곳곳에서 더욱 많아지고 있다.

    이런 사회에서 사람을 움직이기 위해서는 감성의 가치를 알고 활용해야 한다. 사람을 움직이려면 인간관계의 기저에 있는 감정적 유대감, 애정, 믿음, 신뢰와 같은 감정적 요소들을 이해해야 한다.

    감성은 기업에서도 중요한 화두로 떠오르고 있다. 예컨대 지나치게 생산성, 효율성, 성과만을 추구하는 기업보다는 상호 존중, 신뢰, 즐거움, 열정 등 마음을 움직이는 감성 에너지가 넘치는 조직,

'일할 맛 나는 직장great place to work for'이 각광받고 있다.

좋은 직장은 '출근하기 즐거운' 직장이다. 리더는 구성원이 '출근하기 즐거운' 직장을 만들어야 한다. 그렇다면 구성원은 어떨 때 출근이 즐겁다고 느낄까. 조직 안에서 자신이 존중받고, 동료들과 서로 신뢰할 수 있으며, 일터에 즐거움과 열정이 넘쳐난다면 날마다 출근이 즐거울 것이다.

이런 일들은 모두 감성 에너지가 높은 조직에서만 가능한 일이다. 감성 에너지가 높은 조직은 '조직 구성원들이 회사에 신뢰를 갖고 맡은 일에 자부심을 느끼며 동료와 함께 즐거운 마음으로 열정을 다해 일할 수 있는 회사'다. 이런 조직이야말로 최상의 품질과 서비스 그리고 최고의 생산성을 통해 탁월한 사업 성과를 낼 수 있다. 미국의 한 컨설팅 회사의 조사에 따르면 '일할 맛 나는 100대 기업'의 연간 수익률이 다른 일반 기업에 평균 10%가량 앞선다.

세계적인 헤드헌팅 회사 스펜서 스튜어트Spencer Stuart의 사장 토머스 네프Thomas Neff도 『최고경영진이 주는 교훈』이라는 책에서 이와 비슷한 의견을 제시했다. 그에 따르면 성공적인 리더 50명에게서 뽑은 공통적 자질 15가지 가운데 단지 3가지만이 지적·기술적 능력과 관련이 있었다. 나머지 12가지 자질은 대부분 감성 지능을 바탕으로 한 태도나 의지들이었다. 그만큼 리더에게 감성은 중요한 자질이다.

　　　　　　　　　　　　　　　　　리더 시프트

최강의 팀을 만들고 싶으면 웃어라

리더는 팀 분위기에 커다란 영향을 미친다. 잘 웃고 유머 있는 리더는 팀 분위기를 좋게 만든다. 잘 웃는 리더와 함께 일하는 조직은 자연스레 팀워크도 좋아진다. 팀워크가 좋은 조직에서 성과가 향상되는 것은 너무나 당연하다.

리치 칼가아드Rich Karlgaard와 마이클 말론Michael S. Malone은 『팀이 천재를 이긴다Team Genius』에서 리더가 팀 분위기에 미치는 영향에 대해 다음과 같이 말한다. "리더가 행복해 보이면 부하 직원의 창의성이 개선된다. 팀장이 행복해 보이면 팀원은 해방감을 느끼며 신선한 아이디어를 내놓는다. 팀장이 불행해 보이면 팀원은 움츠리고, 생존 모드에 돌입하며 논리적 사고와 활동을 촉진한다. 긍정적 감정이 더 협조적이고 화해적인 행동을 낳는다."

리더의 표정 하나도 조직 전체에 영향을 미친다. 생각해 보자. 나는 출근하면서 웃는 얼굴을 하고 있는가, 아니면 업무 스트레스 때문에 찡그린 표정을 하고 있는가. 리더가 아침에 큰소리 한 번 지르면 그날 하루 사무실 분위기는 엉망이 된다. 구성원은 가능하면 숨 막히는 사무실을 벗어나려고 할 것이다. 리더가 언제 폭발할지 모르는 폭탄 같은 표정을 하고 있는데 누가 폭탄 옆에 있고 싶을까. 어쩔 수 없이 앉아 있는 직원들만 좌불안석이다.

니컬러스 크리스타키스Nicholas Christakis와 제임스 파울러 James Fowler는 『행복은 전염된다Connected』에서 행복의 전염성을 입증한 실험 연구 결과를 발표했다.

이 책에서 밝힌 연구 결과에 따르면, 친구가 행복해지면 내가 행복해질 확률이 15% 올라간다. 친구의 친구가 행복해지면 내가 행복해질 가능성이 10% 더 상승한다. 그리고 친구의 친구의 친구가 행복해지면 내가 행복해질 확률이 6% 더 올라간다. 한 사람이 가지는 행복한 감정이 주변 사람에게 미치는 영향력이 얼마나 큰지를 보여 주는 결과다.

의식적 혹은 무의식적으로 베푸는 친절, 선행, 배려, 따뜻한 말 한마디가 주는 좋은 영향력은 생각보다 훨씬 크다. 반대로 찌푸린 얼굴, 별생각 없이 내뱉는 독설, 자극을 준다고 내뱉은 비수 같은 말 등이 불러오는 나쁜 영향력도 정말 크다.

결국 리더의 말이나 표정은 원하든 원하지 않든 구성원의 감정에 영향을 미치고, 이것이 조직 만족감과 조직 성과로 이어진다. 리더는 이 점을 중시하고 자신의 말이나 표정 등이 어떤 영향을 미칠지 숙고하고 나서 행동해야 한다.

이를 위해 가장 먼저 할 수 있는 쉬운 방법이 '웃는 얼굴 하기'다. 물론 처음 시작할 때는 어색할 수 있다. 그래도 의식해서 웃는 연습을 할 필요가 있다. 리더의 웃는 얼굴은 구성원을 안심시키고 창의적이고 주도적으로 변하게 만드는 힘이 있기 때문이다. 리더는 웃음 하나로 회사 사무실을 안심하고 행복하게 일할 수 있는 장소로 만들 수 있다. 리더의 미소 하나가 수많은 구성원을 지옥에서 천당으로 탈출시키고 리더의 무거운 표정 하나가 구성원을 천당에서 지옥으로 떨어뜨릴 수도 있다는 점을 명심하자.

많은 리더들이 무거운 표정을 하고 있으면 권위가 서고, 구성원들을 무섭게 질책하면 그들이 바짝 긴장해서 일을 열심히 하지 않을까 하는 생각을 한다. 그런데 그것은 착각이다. 사람은 긴장한 상태에서 오래 집중해서 일하기 어렵다. 오히려 그런 상태에서는 함께 일하고 싶은 마음이 저 멀리 달아난다. 리더가 무섭게 감시하는 곳. 그곳은 직장이 아니라 감옥이다. 직장이 감옥이 되면 구성원은 그곳에서 창의적인 일을 도모하기보다는 리더가 만든 감옥에서 빠져나오고 싶어 할 것이다. 그 구성원이 창의적이고 주도적이고 자발적인 사람이라면 더더욱 그런 마음이 들 가능성이 높다.

감성 지능을 탑재하라

리더의 감성 지능은 조직이나 집단 전체에 바람직한 정서를 퍼뜨리는 능력이다. 다니엘 골먼Daniel Goleman, 리처드 보이애치스Richard Boyatzis, 애니 맥키Annie McKee는 그들의 저서 『감성의 리더십Primal leadership』에서 "리더십에서 감성적 차원은 비록 눈에 보이지도 않고 때로는 무시되기도 하지만 이것이야말로 리더가 하고자 하는 모든 일을 가장 잘 수행하도록 만들어 준다"고 말하며 다섯 가지 감성 지능을 제시했다.

〈다섯 가지 감성 지능〉

자기 인식	자기의 한계와 가능성을 객관적으로 인식할 것
자기 규율	규율을 세워 감정을 잘 다스릴 것
동기 부여	상대방에게 동기를 불어넣을 것
감정 이입	상대방의 입장에서 그를 진정으로 이해할 것
사회적 스킬	타인과 좋은 관계를 유지하도록 노력할 것

리더가 감성 지능을 키우기 위해서는 이 다섯 가지 감성 지능을 키우기 위한 노력이 필요하다. 그리고 리더가 이러한 감성 지능을 십분 활용할 수 있을 때 자신의 조직에서 감성 리더십을 발휘할 수 있다. 감성 리더십을 가진 리더는 구성원을 행복하게 만들고, 행복해진 구성원이 자발적이고 주도적으로 일할 수 있게 한다. 감성 리더십은 결과적으로 자신의 조직에 경쟁 우위를 가져다 준다.

기업이나 관료 조직의 리더 중에는 감성 지능이 떨어지는 사람들이 많이 있다. 이들은 사물의 감정적 측면을 도외시하고 합리적 측면만 중시하여 과학적으로 증명되었거나 데이터로 수량화된 증거가 아니면 잘 받아들이지 않는다. 그러나 인간관계에는 합리적으로만 설명할 수 없는 그 무엇이 있다.

여기 가장 합리적이어야 할 의학자이면서 가장 비합리적으로 보이는 행동을 하는 사람이 있다. "암이라는 게 수술과 약만으로 낫는 게 아닙니다"라고 말하면서 20년째 암 환자를 안아 주는 의사,

리더 시프트

유방암 치료의 명의로 꼽히는 가톨릭 의대 정상설 교수가 그 사람이다.

그는 서울성모병원의 유방센터를 지키며 하루에도 50여 명의 유방암 환자들을 진료하고 몇 건의 유방 외과 수술을 집도한다. 그는 암 수술을 하기 전에 어느 의사와는 다른 과정을 한 차례 거친다. 환자를 한번 꼭 안아 주는 것이다. 그의 환자는 가장 외롭고 두려운 순간에 집도 의사가 해 준 포옹으로 안정과 위안을 느끼며 커다란 심리적 치유 효과를 얻는다고 한다. 한 환자는 이렇게 말했다. "수술실로 들어가는 길이 마치 지옥으로 가는 길처럼 느껴져 불안했는데, 의사 선생님이 안아 준 후로 훨씬 긴장이 완화된 상태로 수술을 받을 수 있게 되었습니다."

의사가 환자를 안아 주는 것이 암 치료 효과를 높인다는 걸 도저히 믿지 못하겠다는 사람도 있을 수 있다. 그러나 정상설 교수의 포옹은 단순한 제스처가 아니다. 그의 포옹은 수술을 앞둔 불안한 환자에게 '당신을 꼭 살리겠다'는 의지를 몸으로 표현한 것이다. 집도 의사의 그런 진심에 환자는 더없는 신뢰감을 느끼게 된다. 과학이나 기술의 합리성을 포기하자는 얘기가 아니다. 감성이 합리성보다 우위에 있다는 말도 아니다. 합리성에 감성적인 요인을 더할 때 인간의 몸과 마음이 얼마나 더 좋은 방향으로 움직일 수 있는가를 보여 주는 좋은 사례로써 소개했다.

4

다양성을 존중하면
구성원들이 살아 움직인다

다양성이라는 단어와 반대되는 단어를 생각해 보자. 필자는 다
양성의 대척점에 '일사불란'이라는 단어가 있다고 본다. 한국 사회
에서는 주어진 일을 빨리 처리하기 위해 이 일사불란을 강조해왔
다. 많은 조직에서 '빨리, 일사불란하게, 하나의 의견으로 일해야
성과를 만들어 낼 수 있다'는 생각이 자리하고 있음을 본다. 그런데
문제는 이 과정에서 다양성이 사라졌다는 점이다. 주어진 일을 빨
리하기 위해서는 일사불란함이 다양성보다 우선시될 수 있지만,
만약 복잡한 환경에서 창의적으로 일하면서 성과를 달성해야 한다
면 다양성을 무시하면 안 된다.

다양성을 수용하고 장려하기 위해서는 한국 사회에 만연해 있는
일사불란이라는 강박에서 벗어나야 한다. 일사불란의 신화를 신봉

리더 시프트

하면 다양한 의견을 수용할 수 없다. 심지어 다양한 의견을 성과를 방해하는 요소로 인식하게 되는 우를 범할 수도 있다.

그렇다면 이 다양성이라는 가치를 생각할 때 리더가 가져야 할 시각은 무엇인가. 우선 다른 의견을 '틀린 것이 아니라 다른 것'이라고 보는 시각이다. 많은 리더가 자신의 구성원이 자신과 같은 생각과 관점으로 상황이나 문제를 해석하고 같은 기준으로 행동할 거라는 고정관념을 갖고 있다. 이런 리더는 자신과 구성원 사이에 존재하는 '다른 생각'을 수용하지 못하고, 타인의 다른 생각을 '틀린 것'이라 생각하기 쉽다.

리더가 일사불란을 최고의 덕목으로 생각하면 구성원도 그 기준에 따라 움직일 수밖에 없다. 조직이 하나로 똘똘 뭉쳐 빠르게 움직일 수 있지만 그만큼 조직은 획일화되고 성과도 정체되기 쉽다. 반면에 리더가 다양성을 추구한다면 숨어 있던 구성원의 다양성이 드러나게 된다. 이것이 곧 창의적인 성과로 연결될 수 있는 계기가 될 수 있다. 눈부신 속도로 변화하는 오늘날의 경영 환경에서 다양성은 일사불란보다 힘이 세다. 다양한 사람의 다양한 의견이 섞여 하나의 목표로 나아갈 때 그 누구도 쉽게 모방하지 못하는 혁신적인 성과를 낼 수 있다. 다양성은 당신의 조직이 경쟁 우위를 확보하는 치트키가 될 수 있다.

다양성의 힘을 인식하라

제2차 세계대전 당시 독일에 지고 있던 영국이 전세를 역전하게 만든 핵심 병기 하나는 독일군 암호를 해독하기 위해 세운 '블레츨리 파크Bletchley Park'였다. 이 블레츨리 파크에 참여한 전문가들은 세계 최초의 연산 컴퓨터인 콜로서스Colossus를 개발해 독일군의 교신 메시지를 1분당 2개의 속도로 풀어냈다. 그 결과 독일의 강력한 전투 병기인 U보트의 위치를 확인해 전쟁에서 승기를 잡을 수 있었다.

블레츨리 파크가 독일의 암호를 풀어낸 성공 비결에 대해 미국 미시간 대학교 스콧 E. 페이지Scott E. Page 교수는 "다양한 사람들의 다양한 능력을 제대로 활용한 덕분"이라고 말했다.

암호 해독을 위해 블레츨리 파크에 모인 사람들은 1000명 가까이 되었는데, 이들의 직업과 학문적 배경이 매우 다양했다. 과학자, 기술자 외에도 체스 챔피언, 낱말 맞추기 전문가, 백화점 간부 등이 있었고 전공도 수학, 이집트학, 고전, 역사, 현대 언어학 등으로 제각각이었다.

페이지 교수는 블레츨리 파크의 성공 사례를 들면서 혁신적인 이론을 제시했다. '다양성이 능력을 이긴다diversity trumps ability'. 대단히 우수하지는 않지만 다양한 사람으로 구성된 그룹이 매우 우수한 사람으로 구성된 동질적인 그룹보다 더 높은 성과를 낸다는 것이다. 왜 그럴까? 다양한 사람들로 구성된 조직은 문제 해결에 다양한 도구를 활용하기 때문에 최고의 능력을 가진 개인들로 구성된 동질적 조직보다 문제를 더 잘 해결할 수 있다.

필자가 현장에서 만난 임원들과 팀장들은 대부분 다양성 존중이 중요하다는 데 동의한다. 그러나 그것을 현실에서 적용하는 데 많은 어려움을 겪는다. 그러나 변화를 두려워하지 않는 리더들은 자신을 변화시킴으로써 자신의 조직에 다양성을 가져올 수 있다. 다양성 확보를 위해 바뀌어야 할 대상이 조직이나 구성원이 아니라 자신이라는 점을 인정하면 의외로 일은 쉽게 풀린다. 자. 하나씩 차근차근 바꾸어 나가 보자.

다양한 목소리를 허하라

그렇다면 어떻게 하면 다양성을 가진 조직을 만들고, 조직의 다양성이라는 가치를 지속 가능하도록 유지할 수 있을까? 단순히 다양한 배경을 지닌 사람을 채용하는 것만으로는 부족하다. 우선, 조직 내에서 다양한 사람이 자유롭게 여러 가지 의견을 낼 수 있는 문화를 만드는 것부터 시작해야 한다. 이를 위해서는 처음에는 이상하게 들리는 아이디어도 거리낌 없이 낼 수 있는 분위기를 만드는 게 좋다.

평소 다양성의 힘을 믿고 이를 바탕으로 리더십을 발휘하는 한 리더가 있다. 그는 새로운 조직의 리더로 부임한 직후부터 구성원에게 어떤 의견이라도 환영한다고 강조했다. 그러나 기존의 경직된 조직 문화 때문에 의견을 과감하게 제시하는 구성원이 매우 드물었다. 이 리더는 고민 끝에 일단 본인부터 솔선수범하기로 했다. 해결이 어려운 과제가 주어졌을 때 회의를 열고 일부러 참석자 모두가 황당하게 생각할 만한 의견을 제시한 것이다.

그가 엉뚱하고 파격적인 아이디어라도 마음껏 제시해도 된다는 점을 몸소 보여 준 후부터 이 조직에서는 이전에는 상상할 수 없었던 상당히 파격적인 의견들이 나오기 시작했다. 다소 엉뚱하고 실현 불가능해 보이는 제안을 해도 그냥 지나치지 않고 서로 질문을 던지며 토론했다. 그 과정에서 좋은 해결책이나 혁신적인 방향성이 나왔음은 물론이다. 다양성의 힘을 존중하고 제대로 활용한 좋은 사례다.

지금까지의 리더가 의견 일치와 통일성을 강조해왔다면 앞으로의 리더는 이런 조직 문화를 바꾸어야 할 사명이 있다고 생각한다. '짜장면으로 통일해' 문화는 과거에는 통했을지 모르나 지금은 통용되기 어렵다. 아니, 경쟁력 저하의 큰 원인이 될 수 있다. 런던 비즈니스 스쿨의 게리 하멜Gary Hamel 교수는 "앞으로 기업 시스템은 통일성과 조화보다 의견 불일치와 일탈 등에 더욱 높은 가치를 부여해야 한다"고 말한다.

다양성을 촉발하는 문화의 가치는 특히 글로벌 경쟁이 심해지는 오늘날에는 기업 경쟁력의 핵심 요인으로 더욱 부각되고 있다. 인텔의 최고 다양성 책임자Chief Diversity Officer 로절린드 허드넬

Rosalind Hudnell은 "인텔이 글로벌 차원에서 성공하려면 다양성은 필수"라며 "다양성 덕분에 인텔 생산성이 높아지고 있다"고 말했다.

오랜 시간 동안 재능 개발을 연구해온 경제학자 실비아 앤 휴렛 Sylvia Ann Hewlett의 연구에서도 성, 인종, 경험적 다양성을 갖춘 리더가 이끄는 기업이 그렇지 못한 기업보다 전년 대비 시장 점유율이 높고 신사업 개척에서도 훨씬 앞서는 결과가 나타났다.

관용의 문화로 조직의 창의성을 높여라

혹시 '창조 계급creative class'이라는 단어를 들어 보았는지 모르겠다. 이 단어는 토론토 대학교 비즈니스 스쿨의 리처드 플로리다 Richard Florida 교수가 처음 사용한 말이다. 미술가, 음악가, 디자이너 등 문화예술인뿐만 아니라 과학자, 창업자, 기술자 등 '새로운 가치를 창조하는 모든 직업군'을 의미하는 말이다.

리처드 플로리다 교수의 주장에 따르면 도시 경제성장의 핵심 자산은 사람, 그중에서도 특히 창조 계급이다. 창조 계급이 도시 분위기를 개방적이고 전문적으로 만들고, 이런 환경이 다시 창조적인 인재를 끌어들이면서 자본과 비즈니스가 함께 도시에 유치된다. 그에 따르면 창조 계급을 도시로 끌어들이고 머물게 하는 정책이 항만, 대형 건물을 짓는 일보다 도시의 발전에 더 도움이 된다.

그런데 도시의 변화를 이끌며 도시의 경제를 성장시키는 이 창조 계급을 제대로 받아들이기 위해서는 관용적인 태도가 필요하다. 이 사람들이 기존의 가치와 다른 가치를 가지고 있다고 해도 배격하지 않는 태도 말이다. 창조적 기술과 창조적 인재는 언제든 이동 가능한 유동적 변수이다. 즉, 이 사람들은 수틀리면 언제든 떠나 버릴 수 있다. 따라서 다양성을 존중하는 관용의 문화로 기술과 인재를 붙잡아야 한다.

사회가 창조 계급을 받아들일 준비가 되어 있는지는 알아보기 위해서는 그 사회가 가진 관용의 정도를 파악해야 한다. 이를 재는 지수로 '게이 지수'가 있다. '게이 지수'는 해당 사회가 성소수자를 받아들이는 정도를 나타낸다. 만약 어떤 사회에 성소수자가 많다면 그 사회의 포용성과 다양성은 높다고 할 수 있다는 게 이 지수의 전제다.

플로리다 교수는 도시경쟁력이 높은 도시를 연구하던 중에 도시경쟁력 지수가 높은 도시일수록 게이가 많이 살고 있다는 놀라운 사실을 발견했다. 그의 1990년 연구를 보면 게이 지수 상위 10대 도시 가운데 6곳이 첨단 산업 10대 지역과 일치했고, 2000년에 발표된 연구에서는 5곳이 일치했다. 이 연구들은 성소수자를 포용하는 개방적이고 자유로운 환경이나 문화가 창조성이나 혁신성과 밀접한 관련이 있다는 추측을 가능하게 한다.

다양성이 사회에 긍정적인 영향을 끼친다는 다른 연구 결과도 있다. 2016년 국제통화기금IMF 연구 결과를 보면 어떤 국가에서 이민 유입이 1% 증가할 경우 1인당 국내 총생산이 장기적으로 2%

가량 높아진다고 한다.

그렇다면 리더들은 자신의 조직에서 어떤 방식으로 다양성을 수용할 수 있을까. 그리고 자신의 조직에서 다양성을 존중했을 때 어떤 구체적 성과로 이어질 수 있을까. 답을 떠올려 보기 전에 우선 자신에게 스스로 질문해 보자. '나의 관용성은 과연 지금 어느 정도의 수준에 있는가.'

만장일치 문화를 타파하라

아무 반대 의견 없이 일사불란하게 회의가 끝나간다면 당신은 당신의 리더십에 만족하면서 회의를 끝내겠는가? 아니라면 아무 의견도 제시하지 않는 구성원의 소극적인 태도에 불만을 표하겠는가? 앞서 여러 번 강조했듯 때로는 조직의 일사불란한 응집력이 치명적인 위기를 가져올 수 있다. 모든 사람이 하나의 의견을 따르게 되면 더 좋은 대안이 있는데도 놓칠 가능성이 크기 때문이다.

위에서 '짜장면으로 통일' 문화를 말한 바 있다. 직장 생활을 하다 보면 점심시간에 무엇을 먹을지 고민하는 상황이 발생할 때가 있다. 예컨대 중식당에 갔다고 하자. 가장 선임자가 짜장면을 시키니 다른 사람들이 모두 짜장면을 주문한다. 그러면 보통은 자기도 짜장면 주문 행렬에 동참한다. 다른 음식을 주문하면 시간이 더 걸리지 않을까 하는 걱정과 자신만 튀는 것은 아닌가 하는 우려 때문에 어지간하면 다수의 의견에 따라가게 된다.

이 심리 상태를 회의 장면으로 옮겨 보자. 특정 안건에 대해 다른 의견이 있어도 다들 찬성하는 분위기라면 입을 다물게 된다. 많은 심리학 연구 결과에 따르면, 이는 자연스러운 인간의 심리다. 집단의 의견이 개인의 의사 결정이나 행동을 규제하기 때문이다.

구성원들끼리 단합이 잘 되고 자신의 의견을 관철하는데 강한 카리스마형 리더가 이끄는 조직의 경우 전원 합의consensus나 의견 일치를 중시하는 경향이 많다. 이런 조직은 팀워크에 해가 될 가능성이 있는 의견 대립이나 갈등을 의식적으로든 무의식적으로든 회피하려고 한다. 또 이런 조직의 구성원들은 큰 문제가 있어도 대세 의견이라면 동조해야 한다는 심리적 압박을 받는다. 그런데 조직의 구성원 대부분이 이런 사고방식을 가지고 있으면 비합리적인 의견인데도 그것을 실제로 진행하게 될 가능성이 클 뿐 아니라, 리더가 잘못된 의사 결정을 할 가능성도 커진다.

이렇듯 집단에서 대세를 거스르지 않고 만장일치를 추구하는 인간의 욕구를 예일 대학교 사회심리학자 어빙 재니스Irving Janis는 '집단사고'라는 용어로 설명했다.

다양성을 추구하는 리더라면 다음과 같은 질문을 자기 자신에게 수시로 해야 한다. '지금 내가 구성원이 충분히 이야기하도록 분위기를 만들고 있는가?', '나의 의견을 은근히 강제하면서 구성원에게 만장일치를 유도하고 있지는 않은가?'

많은 구성원을 이끄는 리더는 집단사고에 빠지기 쉽다. 언뜻 생각하면 집단사고가 효율적이고 쉬워 보이기 때문이다. 또 구성원들의 획일화된 사상과 통일된 조직 분위기가 리더의 생각과 고민을 줄여 주기도 한다. 그러나 한순간의 편안함이 조직을 한순간에 위기로 몰아넣을 수도 있다는 사실을 명심하자.

집단사고에 빠져 일사불란함을 추구하는 리더가 있고, 집단사고의 위험을 인식하고 구성원의 다양한 의견을 끌어낼 줄 아는 리더가 있다. 당신은 둘 중 어떤 리더가 될 것인가?

만약 당신이 당신의 조직에 다양성을 불어넣고 싶다면 가장 먼저, 그리고 재빨리 해야 할 일이 조직의 소통 환경을 다양한 의견이 넘나드는 환경으로 바꾸는 일이다. 구성원이 안심하고 말할 수 있는 환경을 조성해야 다양한 의견을 유도할 수 있다.

구성원이 안심하고 말할 수 있는 환경이란 의견이 채택되지 않을 수도 있지만 어떤 의견이라도 말할 수 있는 환경을 말한다. 이를 위해서 리더는 어떠한 의견을 내더라도 그로 인해 비난받거나 불이익을 받지 않는다는 점을 분명히 보여 주어야 한다. 또한 파격적인 의견을 제시한 구성원의 과감성을 인정하고 칭찬하여 다른 목소리, 새로운 목소리가 조직에서 설 수 있는 자리를 마련해 주어야 한다. 이런 노력을 지속한다면 조직에 만연해 있던 만장일치 문화를 조금씩 없앨 수 있을 것이다.

집단사고가 아닌 집단지성을 도입하라

바람직한 리더는 '집단사고'에 빠지는 일을 피하고 '집단지성'을 도입한다. '집단사고'와 '집단지성'은 말은 비슷하지만, 뜻은 전혀 다르다.

집단사고란 조직 구성원들의 의견 일치를 유도하는 경향이 너무 강해 비판적인 생각을 하지 않는 상태를 말한다. 이 집단사고 상태에서는 다양성이 존중되지 않고 오히려 다양성이 성과를 내는 데 방해가 된다.

그런데 집단지성이란 '집단 구성원들이 서로 협력하거나 경쟁하여 쌓은 지적 능력의 결과로 얻어진 지성 또는 그러한 집단적 능력'이다. 여기에서 '서로 협력하거나 경쟁하여'라는 문장에 주목해야 한다. 바로 이 부분이 다양성이 발현되는 지점이기 때문이다.

그렇다면 리더가 자신의 조직에 집단지성의 장점인 다양성을 살리기 위해서는 구체적으로 어떠한 방법을 사용할 수 있을까. 아래의 방법들을 참고할 수 있을 것이다.

만장일치를 경계하기

만장일치는 반드시 빠져나와야 하는 위험이라고 생각하자. 중요한 의사 결정을 하는 회의에서 만장일치로 결론이 도출되었다면 최선의 해결책이 아닐 수도 있다고 생각할 것. 만장일치로 결론이 도출되기까지 과정을 다시 한번 되짚어 보면서 그 결정이 정말 최선인지 심사숙고해야 한다. 그리고 이 과정에서 구성원에게 다시금 다른 의견을 개진하도록 유도하는 노력이 필요하다.

전 제너럴 모터스GM 회장 알프레드 슬론 2세Alfred Sloan Jr.는 집단사고를 막기 위해 항상 만장일치를 경계했다. 슬론은 최고경영진 회의에서 이렇게 말한 바 있다. "여러분, 이 결정에 의견이 완전히 일치된 것으로 봐도 좋겠습니까?" 이 말에 참석자 전원이 동의했다. 그러자 그는 "이 문제에 대한 논의를 다음 회의까지 연기할 것을 제안합니다. 그때까지 반대 의견을 더 생각해 보고, 그 결정이 어떤 결과를 가져올지 충분히 고민해 봐야 합니다"라고 말했다. 만장일치로 도출되는 결론을 일부러 기각하고 다시 고려하는 시간을 가진 것이다.

'악마의 대변인' 활용하기

집단사고를 막으려면 의사 결정 과정에서 반대 의견을 적극적으로 말하는 사람이 있어야 한다. 그런데 일반적으로 이런 역할을 자처하는 사람은 소수다. 따라서 장치를 마련해 일부러 반대 의견을 제시하는 악마의 대변인을 세우는 것이다.

악마의 대변인을 세운 국내 사례로서 신한은행의 사례가 있다. 신한은행에는 일명 '레드 팀'이 있다. 부행장 14명이 돌아가면서 2인 1조로 임원 회의에 올라오는 안건에 대해 무조건 반대 논리를 제시하는 것이다. 이 레드 팀이 등장한 이후로 반론없이 당연하게 넘어가던 안건들이 격렬한 토론 주제로 번지는 일이 빈번해졌다.

그 결과, 의사 결정 오류가 줄어들고 창의적 발상이 구체화되는 성과가 나타났다.

조선 시대 최고의 임금으로 꼽히는 세종대왕이 성공을 거둔 바탕에도 집단사고에 빠지지 않으려는 노력이 숨어 있었다고 한다. 당시의 예조판서 허조許稠는 사안마다 항상 최악의 경우를 상정해서 문제를 집요하게 파고드는 성품을 지닌 사람이었다. 세종대왕은 그런 허조를 고집불통이라고 평하면서도 어전회의 때마다 참석시켜 그의 말을 경청했다. 세종대왕은 왕으로서 듣기 편하지만은 않은 말을 쉬지 않고 하는 허조를 미워하지 않고 오히려 곁에 두었다. 허조는 세종대왕의 '레드 팀'이었다. 세종대왕은 자신과 자신의 팀이 집단사고에 빠지지 않도록 경계한 것이다.

5

구성원의 장점을 찾아내고
인정해 주어야 한다

당신이 스포츠 팀을 이끄는 감독 또는 코치라면 선수들의 장점을 찾아서 최대의 능력을 발휘할 수 있도록 역할을 부여할 것이다. 그래야만 선수들이 제 능력을 발휘할 수 있고 경기에서 이길 수 있기 때문이다.

기업의 리더도 이와 다르지 않다. 기업의 리더 또한 구성원의 장점을 찾아 능력을 발휘할 수 있도록 사람을 육성하고 사람의 장점을 일과 연계하는 사람이기에.

스포츠 리더도 기업 조직의 리더도 모든 사람에게 저마다 다른 강점과 재능이 있다는 점을 자각해야 한다. 구성원 각자의 장점을 무시하고 분별없이 엉뚱한 일을 맡기면 능력을 제대로 발휘하기 어렵다. 축구 선수 손흥민에게 피겨를 하라고 하고, 피겨스케이팅

선수 김연아에게 피아노를 연주하라고, 피아니스트 조성진에게 축구공을 차라고 해서는 안 된다.

따라서 리더는 구성원의 재능, 강점, 적성을 충분히 파악하고 나서 업무와 연결해야 한다. 그렇게 해야 구성원들이 자신들의 재능을 발휘하고, 기대 이상의 성과를 내고, 성취감을 느낄 수 있다. 그리고 또 하나, 당신이 심사숙고하고 나서 당신의 구성원에게 적절한 업무를 부여하기 전에 반드시 해야 할 일이 있다. 그것은 당신이 생각하는 그 구성원의 장점을 당신이 그에게 직접 이야기해 주는 일이다. 당신이 그의 장점을 인정한 뒤 건네는 그 한마디는 해당 구성원의 자발적인 노력을 이끌어내는 열쇠가 될 수 있다.

리더가 구성원의 장점을 인정하고 나아가 그 장점을 적절하게 업무와 연결해 준다면 그 구성원은 기쁨을 느낄 뿐 아니라 그 일에 자신이 가지고 있는 모든 역량을 쏟아부으며 열정을 다해 재미있게 일할 것이다. 이것이야말로 최고의 동기부여가 아니겠는가.

정성과 시간을 쏟아 장점을 발견하라

그렇다면 리더는 어떻게 구성원의 장점을 발견할 수 있을까. 그 과정은 앞서 제시한 구성원을 칭찬하는 과정과 다르지 않다. 구성원의 장점을 찾아내어 이를 활용하는 간단한 기법을 소개한다.

리더 시프트

구성원을 주의 깊게 관찰하기

이 과정의 목적은 그 사람의 장점을 발견하는 것이다. 이렇게 관찰의 목적을 정하고 시작하면 더 쉽게 찾아낼 수 있다.

관심을 가지고 질문하기

구성원이 무엇을 좋아하는지, 밤을 새워서 해도 피곤하지 않고 재미있는 일은 무엇인지 물어본다. 그렇게 묻다 보면 그 사람의 장점이 수면 위로 떠오를 것이다. 한두 번 관찰한다고 해서 금방 파악될 것이라고 생각하지 말자. 사람의 장점은 많은 정성과 시간을 쏟아야 비로소 드러난다.

발견한 장점을 활용하기

리더는 장점에 맞는 역할이나 업무를 부여할 때 그 이유를 다음과 같이 분명하게 알려 줘야 한다. "김 대리는 전체를 조망하고 큰 그림을 보는 장점이 있어. 그래서 이번 프로젝트를 지휘하는 일을 맡기게 되었네." 이런 '장점 알려 주기'는 구성원의 머리 위에 밝은 빛을 비춰 주는 것과 같다.

구성원의 잠재력이나 장점을 부각하는 별명 지어 주기

예를 들어 기획을 뛰어나게 잘하는 사람에게 '기획 천재'라는 별명을 붙여 준다. "박 대리는 '기획 천재'야. 방향이 모호하고 자원이 부족한데도 박 대리에게 맡겨 놓으면 깜짝 놀랄 정도의 기획안이 나오네. 상무님도 이 기획안 누가 만들었냐고 물어보면서 놀라시더라고." 이 말을 들은 구성원의 머릿속에서는 '나는 기획력이 좋은 사람이다'라는 확실한 자아상이 만들어질 것이다. 긍정적인 자아상은 그와 관련된 장점을 더욱 강화한다. 일종의 플라시보 효과가 나타나 장점을 부각할 수 있도록 더욱 노력하게 된다. 기획 천재라는 이야기를 들었는데 어떻게 기획안을 대충 만들겠는가. 지금보다 훨씬 더 좋은 기획안을 만들려고 하지 않겠는가.

이처럼 리더가 구성원의 장점을 발견해 칭찬하고 적합한 업무와 역할을 배정할 때 구성원은 그야말로 일할 맛이 난다. 이럴 때 구성원은 즐거운 마음으로 일할 뿐 아니라, 자신의 능력치를 최대한 발휘해 성과를 만들 것이다.

사람을 억지로 바꾸려고 하지 마라

사람은 노력하면 변한다. 사람을 바른 방향으로 변화시키는 것이 교육의 힘이다. 그러나 한편으로 사람은 잘 변하지 않는 존재이기도 하다. 처음부터 변화를 거부하는 사람도 많다. 그런 사람을 억지로 변화시키겠다고 노력하면 효과가 적고, 자칫 관계도 나빠질 수 있다.

'말을 물가로 끌고 갈 수는 있지만 억지로 물을 마시게 할 수는 없다'는 속담이 있다. 혹시 평소에 구성원의 부족한 점이나 보완할 점을 지적하고 그것을 개선하도록 강요하고 있지는 않은지 생각해 보자. 그것만 고치면 더 훌륭한 사람이 될 수 있다고 다그치지는 않았는가? 혹시 그런 '지적질'이 리더의 사명이라고 잘못 생각하고 있지는 않은가?

구성원이 지금 안 가지고 있는 것을 있게 만들려고 하지 말자. 구성원이 못 하는 일을 잘하도록 강요하지도 말자. 사람에게는 노력해도 안 되는 일이 있다. 노래를 잘 부르지 못하는 사람에게 앞으로 잘 부르도록 노력하라고 해 봤자 잘 안 된다. 그런 일에 리더가 집착하면 시간만 낭비하게 되고, 결과적으로 구성원과의 관계만 나빠진다.

사람을 억지로 바꾸려 하지 말자. 기업은 학교가 아니고 리더는 교사가 아니다. 리더는 구성원이 현재 가지고 있는 장점을 실어내고 확장하고 적용하는 데 집중하면 된다. 이 활동에도 시간과 노력이 많이 든다.

다만 구성원의 단점이 조직에 해가 되는 치명적인 단점이라면 보완해야 한다. 예컨대 남의 심장을 후벼 파는 소리를 매우 잘하는 사람, 남의 사기를 꺾는 말과 독한 말을 습관적으로 하는 사람은 자신뿐 아니라 다른 사람에게도 나쁜 영향을 미치기 때문에 행동을 변화시켜야 한다. 이는 조직을 멍들게 하는 행태로서 반드시 보완이 필요하다.

구성원은 알고 있다. 리더가 조직과 그의 성장을 위해 현실을 직면하게 만드는 피드백을 주는 것인지, 리더 자신의 개인적인 취향 때문에 상대방의 약점을 지적하는 것인지. 저 피드백이 나를 위해서 하는 말인지 아닌지, 당신이 그렇듯 다른 사람들도 잘 구별할 수 있다는 점을 알아야 한다.

'유능한 사람'이라는 메달을 수여하라

다른 사람의 약점에 집중하는 일이 우리에게 별로 도움이 되지 않는다는 사실을 우리는 잘 알고 있다. 그러나 머리로는 알고 있지만 실제로는 자꾸만 단점에 눈이 간다. 현장에서 만난 리더들이 이렇게 토로했다. "직원들의 약점은 눈에 확 들어와요. 잘 보이니까 그것을 어떻게든 고쳐 주려고 합니다. 솔직히 강점을 보라고 하지만 쉽게 눈에 보이지 않고 또 발견하는 데 노력이 필요하니까 바쁜 상황에서는 잘 안 되죠."

경영학의 대가 피터 드러커Peter Drucker는 『자기경영 노트 Effective Executive』에서 이렇게 말했다. "약점에 주목해서는 무언가를 만들어 낼 수 없다. 장점에 주목해야만 무언가를 만들어 낼 수 있다. 약점에 기반을 두는 건 무책임하고 바보 같은 일이다. 약점은 아무것도 아니다."

그런데 장점을 찾아내는 일은 결코 쉬운 일이 아니다. 시간을 들이고 노력을 해야 하는 일이다. 평범한 리더는 발견하기 쉬운 단점을 말해 주고 고치라고 말한다. 그러나 훌륭한 리더는 발견하기 어려운 구성원의 장점을 찾아낸다.

나의 약점만 꼭 집어서 말하는 사람과 나의 장점을 찾아서 알려 주는 사람 중 누구를 옆에 두고 싶은가? 답은 뻔하다. 다른 사람에게 '너는 무엇이 잘못되었다', '너는 이게 약점이다'라고 지적하기만 하는 자칭 '전문가'는 결코 사람의 마음을 얻지 못한다.

미국의 심리학자 마틴 셀리그먼Martin Seligman과 미셸 맥콰이드Michelle McQuaid가 1000명의 직원을 대상으로 한 조사는 장점에 대해 이야기해 주는 일의 효능을 잘 보여 준다. 이 조사에 참여한 직원 중 78%는 리더가 자신의 장점을 주목해 주었을 때 감사하는 마음이 늘어났다고 답했다. 또 61%는 동기가 부여되어 일을 더 잘 수행할 수 있고 그럴 의지가 생겼다고 답했다. 반면에 관리자가 직원의 약점에 초점을 맞췄을 때 성과는 27%나 떨어졌다. 장점에 초점을 맞췄을 때 성과 개선이 36%나 이루어진 것과 크게 대비되는 결과였다.

자신의 장점을 찾아서 알려 주는 사람과 함께 있으면 즐겁고 에너지가 올라간다. 이에 따라 창의적이고 주도적인 성향이 늘어난다. 반면에 언제나 약점을 찾아서 알려 주는 사람과 함께 있으면 그 반대가 된다.

자신의 강점이 잘 발휘되어 일할 때는 별도의 외부적인 동기부여가 필요하지 않다. 누군가가 독려하지 않아도 스스로 어떻게 해야 할지 잘 알기 때문이다. 실제로 구성원이 본인의 약점이 드러나는 업무를 할 때 저평가를 받다가 강점을 발휘하는 업무 영역에 배치되면 동기, 열정, 생산성이 치솟는 사례를 자주 발견할 수 있다.

이런 사례를 통해 리더가 배워야 할 일은 자명하다. 누구나 자신에게 적합한 역할을 찾을 때 특별한 사람이 된다는 사실. 리더는 구성원의 재능과 역할을 제대로 업무와 연결해서 성과를 올리게 하고, 더 행복하게 일할 수 있게 만드는 사람으로 스스로를 규정할 것.

사실, 조직 내에서 개별 구성원들의 장점만 따로 하나하나 떼어 놓고 보면 그 자체만으로는 그리 특별하지 않다. 구체적인 업무 과정에서 그 사람의 장점과 역할이 맞아떨어질 때 비로소 유능함이 생겨난다. 리더가 해야 할 일은 구성원이 자신의 새로운 장점을 만들어 내게 하는 일이 아니다. 리더는 교육자가 아니라 발견자이며 조율자다. 리더가 해야 할 일은 구성원 개개인의 장점을 발견하는 일과 함께 그들의 역할을 적절하게 조율함으로써 구성원 한 사람 한 사람에게 '당신은 유능한 사람'이라는 금메달을 걸어 주는 일이다. 사실 이것이야말로 리더가 하는 일의 꽃이고 보람이다.

리더가 될 용기를 낸 당신을 응원합니다

이 책을 읽으시면서 적지 않은 스트레스를 받으셨을 거라고 생각합니다. 정말 미안합니다. 제가 여러분께 너무 많은 요구를 한 것은 아닌지 반성도 됩니다.

그래서 책을 마무리하는 이 글은 이 책을 읽으신 리더를 위한 몇 가지 가벼운 권유로 마무리할까 합니다.

우선 하나의 질문을 드리겠습니다. 당신은 리더가 된 그 순간부터 당신의 구성원들을 무엇으로 호칭하십니까? 저는 친구, 동료, 직원들을 부를 때 '프로'라는 호칭을 붙입니다. 프로란 진정한 전문가를 뜻하며, 직위 또는 이름을 부르는 것보다 훨씬 더 존중의 의미를 담고 있습니다. 저는 열심히 사는 사람 모두를 전문가로 존중한다는 뜻에서 그렇게 부릅니다. 함께 일하는 사람, 주변 사람을 전문가로 대우하고 배려한다면 그들도 역시 나를 대우하고 배려할 거라는 생각입니다.

당신이 그들을 어떤 호칭으로 부르든, 리더가 된 그 순간부터 당신은 당신 팀의 구성원들을 파트너로 여겨 주시기를 권유합니다. 당신이 부하와 일하는 게 아니라 파트너와 함께 일한다고 생각하면 소통도 훨씬 쉬워질 것입니다.

그리고 마지막으로 나는 당신이 일에 중독된 사람이 아니라 다양한 삶을 즐길 줄 아는 사람이 되면 좋겠습니다. 인생에는 일만 있는 것이 아닙니다. 당신을 행복하게 만들어 주는 많은 요소도 있고, 나와 함께 인생을 살아갈 가족과 친구도 있습니다. 마지막까지 성과 이야기를 해서 죄송합니다만, 리더가 균형 있는 삶을 살 때 성과도 더 많이 낼 수 있을 것입니다.

　이미 느끼고 계시겠지만, 리더의 길은 험난하고 외로운 길입니다. 큰 영광의 길이기도 하지만, 많은 고민과 실패와 연습이 필요한 길이기도 합니다. 지금 익숙하지 않다고 해서 포기할 것이 아니라 많이 부족하고 어렵지만 잘할 수 있을 때까지 연습하면 됩니다.

　리더십에 완성은 없다고 생각합니다. 당신은 이미 진정한 리더가 되기 위한 첫걸음을 시작했고, 이제 리더의 길을 그저 묵묵히 한 걸음씩 뚜벅뚜벅 걸어갈 뿐입니다. 그 길을 걷다 보면 조금씩 그러나 확실하게 좋은 리더의 모습이 갖춰질 것이라 믿습니다. 그렇게 걸어가다 보면 후배들은 존경하는 선배의 모습을 보면서 뒤따르고, 그들 역시 서서히 좋은 리더가 되어 갈 것입니다. '리더가 될 용기'를 내어주서서 고맙습니다. 당신의 성장과 행복을 기대하고 응원합니다.

[SHIFT 1] 마음가짐의 시프트

체격이 바뀌었으면 옷을 바꾸어야 한다

- ○ 실무 지침 01 새로운 역할에 맞게 스스로를 승진시켜라
- ○ 실무 지침 02 구성원이 기대하는 리더의 역할을 인식하라
- ○ 실무 지침 03 높은 곳에서 바라보라
- ○ 실무 지침 04 익숙함에서 벗어나라

환경을 만들어 주면 변화가 일어난다

- ○ 실무 지침 05 작은 발전이 이어지도록 도와라
- ○ 실무 지침 06 긍정적인 자세로 변화를 이끌어라
- ○ 실무 지침 07 심리적 안전감을 제공하라
- ○ 실무 지침 08 자발적 참여를 이끌어라
- ○ 실무 지침 09 꼭 지켜야 할 가치를 잊지 마라
- ○ 실무 지침 10 변화를 습관으로 만들어라

시간에 대한 생각을 바꾸면 조직이 달라진다

- ○ 실무 지침 11 성과가 높은 구성원에게 더 많은 시간을 써라
- ○ 실무 지침 12 구성원의 시간도 소중히 다루어라
- ○ 실무 지침 13 시간을 전략적으로 관리하라
  - ◆ 실전 기법 01 시간 사용 내역 정리하기
  - ◆ 실전 기법 02 일의 우선순위 정하기
  - ◆ 실전 기법 03 계획 수립 시간 갖기
- ○ 실무 지침 14 시스템 만들기를 최우선 순위로 두라
- ○ 실무 지침 15 'B영역'에 투자하라
- ○ 실무 지침 16 회의를 효율화하라
  - ◆ 실전 기법 04 회의 시나리오 준비하기
  - ◆ 실전 기법 05 리더가 말을 줄이기

나를 돌아보게 만드는 멘토와 성찰의 시간이 필요하다

- ○ 실무 지침 17 등불을 밝혀 줄 멘토를 찾아라
- ○ 실무 지침 18 잔소리꾼 상사 멘토 만들기

[SHIFT 2] 소통 방식의 시프트

리더의 소통, 조직을 살아 움직이게 만든다

리더의 경청, 구성원의 마음을 연다

리더 시프트

당신을 리더로 바꾸어 주는 생각과 행동의 전환법

초판 1쇄 발행   2020년 12월 2일
초판 2쇄 인쇄   2020년 12월 11일

지은이   김무환
펴낸이   반기훈
편집   김초록, 반기훈

펴낸곳   ㈜허클베리미디어
출판등록   2018년 8월 1일 제 2018-000232호
주소   06300 서울특별시 강남구 남부순환로378길 36 의산빌딩 4층
전화   02-704-0801
홈페이지   www.huckleberrybooks.com
이메일   hbrrmedia@gmail.com

ⓒ 김무환, 2020
ISBN 979-11-90933-03-2 03320

Printed in Korea.